UN ÉTÉ À MAJORQUE

ÉDITIONS VERDIER
11220 LAGRASSE

Collection « Otra memoria »
dirigée par Raphaël Carrasco

Julio Llamazares. LUNE DE LOUPS – Traduit par Raphaël Carrasco et Claire Decaëns.

Llorenç Villalonga

Un été à Majorque

ROMAN

Traduit du catalan
par
Raphaël Carrasco
et
Jorge Serra

Collection « Otra memoria »

VERDIER

PUBLIÉ AVEC LE CONCOURS DE
LA DIRECCIÓN GENERAL DEL LIBRO Y BIBLIOTECAS
DU MINISTÈRE DE LA CULTURE ESPAGNOL

Titre original : *Un estiu a Mallorca* (Club editor).
Éditions Verdier, 1988 pour la traduction française.
ISBN : 2-86432-085-1
ISSN : 0993-5606

Dans toutes les géographies descriptives que j'ai consultées j'ai trouvé à l'article *Baléares* cette courte indication : « Ces insulaires sont fort affables. » On sait que dans toutes les îles la race humaine se classe en deux catégories : ceux qui sont anthropophages et ceux qui sont fort affables.

George Sand

NOTE DE L'AUTEUR

L'auteur déclare n'avoir essayé de décrire aucun personnage réel dans ce roman. Les vers du chapitre V, qui sont attribués au général Clavier, sont du comte de Cheste, qui s'illustra sous le règne d'Isabelle II ; de même, certains de ceux attribués à Silvia Ocampo sont en réalité de l'insigne poétesse Emilia Bernal.

Note des traducteurs

Les citations de George Sand ainsi que les mots ou phrases composés en italiques dans la traduction, sont en français dans le texte.

I

La jeune fille et son frère Antoni

Quel est celui de nous qui n'a pas fait ce rêve égoïste de planter là un beau matin ses affaires, ses habitudes, ses connaissances et jusqu'à ses amis pour aller dans quelque île enchantée vivre sans soucis, sans tracasseries, sans obligations et surtout sans journaux ?

George Sand

Lola Clavier arrangeait un bouquet devant la glace de la cheminée — à présent éteinte puisque nous étions à la fin du mois de mai —, et tâchait d'oublier ses préoccupations en pensant aux invités qu'elle attendait pour le soir : elle songeait aux oncles Monteleón, à sa cousine Felipa — si lointaine, si distinguée, si antipathique selon l'avis de tout le monde — et à l'excentrique Miquel Milà, vieil ami de la famille qui venait de se marier avec une Nord-Américaine.

Lola était mise avec élégance et son demi-deuil la rendait attrayante. Enfant, elle avait perdu son père, et sa mère était morte voici plusieurs mois. A présent elle habitait avec son frère Antoni chez grand-mère. Elle avait trente ans passés et se sentait maternelle envers lui qui n'en avait pas encore vingt. Son rôle de mère subsidiaire ne lui réussissait pas très bien : le garçon, au fur et à mesure qu'il grandissait, menait une vie de plus en plus dissipée et ne se décidait pas à entreprendre sérieusement ses études. La vie était encore agréable, durant cette deuxième étape de la IIe République espagnole. Peut-être, l'heure venue, Antoni ferait-il un bon mariage qui plairait à tous. La seule chose répréhensible aux yeux de Lola était le désordre. Douée d'un tempérament pacifique, elle aurait vécu tranquille sans la sempiternelle crainte que son frère ne vînt à être mêlé à quelque mauvaise affaire. Majorque était devenue un centre touristique et Antoni était fort influençable et amateur d'aventures. Qui étaient ces deux Russes qui avaient ouvert un magasin de modes, et que prétendaient-elles ? Etaient-elles des espionnes, des trafiquantes de drogue ? Et Claudia, cette danseuse qui n'arrivait jamais à danser ? Elle était toujours flanquée, tel un garde du corps, de cet Allemand, le docteur Wassmann, qui ne cessait de mettre l'île en émoi avec ses conférences. Le garçon se livrait en toute confiance à ces gens absurdes ; dans son ignorance, il les admirait bouche bée lorsqu'il les entendait parler d'art et de philosophie, de poésie et de peinture, de Dieu et du néant.

Lola s'était assise sur le canapé. Ses yeux butaient contre la porte du fond qui donnait accès au salon d'apparat, ouvert à de si rares occasions qu'elle ne s'en rappelait aucune. Grand-mère ne permettait pas qu'on y entrât et Lola, depuis son enfance, ressentait devant cette porte — qui était grande et en acajou —, une sorte de crainte superstitieuse.

La voix d'une servante la détourna de ses pensées :

« On vient d'apporter ce paquet avec une lettre. »

Une lettre. La crainte diffuse de Lola se concrétisait enfin dans une lettre. Elle ouvrit l'enveloppe et en lut le contenu.

« Qui a apporté cela ? »

La lecture l'avait bouleversée, mais elle voulait feindre l'indifférence.

« Les sandwiches sont-ils prêts ? » demanda-t-elle en faisant des efforts pour paraître naturelle.

« Oui, Mademoiselle ; tout est prêt. »

Lorsque la bonne fut sortie, elle regarda le paquet sans se résoudre à l'ouvrir et le posa sur un fauteuil.

« Antoni, mon Dieu... »

Elle se rappelait comme si c'était hier, ce matin plein de lumière où son père l'avait réveillée pour lui annoncer qu'on venait de recevoir un bébé « de Paris ». Elle avait joué avec ce bébé, l'avait habillé des années durant comme s'il eût été un jouet ; et le jouet, sans savoir comment, s'était transformé en homme. Un homme qui sortait le soir, qui fumait, qui avait des secrets.

Abîmée dans ses pensées, elle ne se rendit pas compte que sa cousine Felipa entrait.

« Comment vas-tu, Lola ? Et grand-mère ? »

Felipa, mariée sans savoir au juste pourquoi avec un cousin germain, le baron d'Estrada, dont elle n'avait pas d'enfant, était une dame d'une trentaine d'années également, longue et très maigre. Lola, par pure civilité, lui demanda des nouvelles de son mari.

« Oh, comme toujours, répondit-elle. Mon mari, comme toujours. Qui attends-tu ? »

Lola lui dit les noms des invités et les très beaux yeux de Felipa – des yeux de chatte – eurent un reflet froid d'aigue-marine.

« Ah, la Nord-Américaine. »

Celle-ci ne méritait sans doute pas son approbation. Lola tenta de s'excuser :

« Elle fréquente tout le monde et est très agréable.

– Je n'en disconviens pas. En tout cas, elle s'entend bien avec tes oncles. »

Les oncles non plus, n'étaient pas de son goût. Il devenait difficile d'inviter Felipa. Mais pourquoi donc avait-elle accepté de venir, elle qui jamais n'allait nulle part? Lola l'avait invitée par simple politesse, certaine de son refus ; à présent sa venue la déconcertait. Elle se sentit un peu fâchée mais n'en dit rien.

« L'année dernière, les Monteleón, poursuivit la baronne, avaient toujours à la maison Huxley et sa sœur qui s'avéra par la suite ne pas l'être.

— Et lui, il n'était pas Huxley non plus. Oui, ils aiment un peu trop ce qu'ils croient chic et mondain... Mais aussi, comment se douter que le Huxley en question était faux puisque Hellen, la Nord-Américaine, l'avait présenté comme authentique ? »

Il y eut un moment de silence. Lola l'interrompit pour lui demander si elle était allée à l'opéra.

« Sans mon mari ? »

Tout le monde savait que le baron d'Estrada, encore dans la fleur de l'âge, ne quittait point sa chambre, souffrant de mille maladies imaginaires. Toute allusion à la vie privée de son mari lui eût semblé aussi choquante que de parler de sous-vêtements, d'argent ou de religion. C'étaient des sujets qui la blessaient. Ce soir elle paraissait plus renfermée que jamais. Lola rompit le silence :

« Moi non plus, je n'y suis point allée. Comme mon frère ne m'y emmène jamais...

— Sans doute sais-tu déjà, dit la cousine, qu'on le voit partout avec Silvia Ocampo. »

Après avoir lâché ceci, comme si de rien n'était, elle sembla plus tranquille. Elle venait de commettre une inconvenance, mais en pleine connaissance de cause, et par conséquent s'en trouvait soulagée. Lola battit des paupières : c'était sa façon coutumière, et très belle, de marquer la surprise.

« Qui ? Antoni ? Non. J'ignorais qu'ils se connaissaient. »

Silvia Ocampo, poétesse renommée que le Nouveau

Monde envoyait dans le Vieux, venait d'arriver à Majorque il y avait à peine deux semaines, prête à en faire la découverte, telle George Sand un siècle auparavant. Comme George Sand, elle disait à tout le monde qu'elle voulait y vivre « sans soucis, sans tracasseries, sans obligations et surtout sans journaux », mais elle mourait d'envie de se répandre et était incapable de rester seule deux heures de suite. Quant aux journaux, elle les feuilletait tous chaque matin pour voir ce qu'ils disaient sur son compte. Elle ne pouvait pas se plaindre : tous l'appelaient « l'éminente poétesse ».

Elle était arrivée précédée d'une grande renommée qui reposait principalement sur sa légende de femme illustre, divorcée et sans préjugés.

« Tout le monde est au courant. »

Lola se serait volontiers lancée dans un commentaire : elle ressentait le besoin de s'épancher. Mais elle vit dans la glace de la cheminée Mme Emilia, l'éternelle commère qu'on trouve dans toutes les villes de province, s'approcher. L'intruse avançait en regardant de côté comme les poules.

« Comment ça va, Lola ? Et Remei ? Attendez-vous beaucoup de monde ? »

Elle jeta un coup d'œil à une table préparée pour le thé, mais refusa de rien prendre. Lola lui dit qu'elle trouverait grand-mère sur la terrasse, où il faisait un soleil splendide.

« On y est mieux qu'ici, osa-t-elle dire.

— Je vais la saluer. Tu sais déjà, sans doute, que ton frère, hier, au Spideum, avec cette femme écrivain...

— S'il vous plaît, madame Emilia, supplia Lola, n'en dites rien à grand-mère. N'empoisonnez pas sa vieillesse.

— Moi ? Je n'ai jamais aimé les ragots. »

Avant de s'en aller vers la terrasse, elle ajouta :

« Tu devrais intervenir, Lola. Ne crois-tu pas, Felipa ?

— Intervenir, murmura Lola. Comme si Antoni était capable d'écouter qui que ce soit. »

Et d'un seul coup, faisant fi de toute sa retenue, après s'être assurée que Mme Emilia ne pouvait plus l'entendre, elle fit éclater la confidence :

« Antoni file du mauvais coton, Felipa. La dernière fois où tu es venue, te rappelles-tu que grand-mère avait sorti ses bijoux pour te les montrer ? »

Felipa écoutait sans prêter attention.

« Oui, pourquoi me demandes-tu cela ?

— Nous étions seules toutes les trois. Antoni est entré un instant pour nous dire qu'il allait sortir et qu'il dînerait en ville.

— Je m'en souviens.

— Alors, lorsque grand-mère rangea les bijoux, elle trouva qu'il manquait le collier de diamants. Tu connais bien grand-mère. Sans rien me dire, elle téléphona à la police. Imagine mon état. Antoni seul pouvait avoir pris le collier. Il n'y avait pas d'autre explication. Quelle honte...

— Mais, dit Felipa, le collier est-il reparu ?

— Oui. Je l'ai reçu il y a un instant. Avec cette lettre. Il semblerait qu'Antoni en avait fait cadeau à une de ces femmes... plus honnête que lui cependant, puisqu'elle nous le rend par acquit de conscience. »

La baronne d'Estrada perdit sa froideur élégante pour s'exprimer avec une véhémence inattendue :

« Tu vois, Lola ? Tu le vois ? Je te disais bien de le faire surveiller, d'en parler à son tuteur, de saisir le conseil de famille, de l'enfermer dans une maison de redressement, s'il le fallait. Tu vois, Lola ? Tu le vois ? »

C'est ainsi que parla la baronne d'Estrada, tout comme une femme en chair et en os, comme une petite bourgeoise, comme une hystérique même, oublieuse de ses blasons et de son laconisme. Des froides émeraudes de ses yeux jaillissaient des étincelles, et elle laissa tomber à terre les beaux renards qui couvraient ses épaules. Toute son élégance étudiée, faite de froideur et de réserve, s'était effondrée en un instant.

II

On parle de Mme Ocampo

> On peut dire en général que la Suisse n'a été découverte par le beau monde et par les artistes que depuis le siècle dernier... J'aurais peut-être pu m'illustrer de la même manière et réclamer l'honneur d'avoir découvert l'île de Majorque... Si la civilisation européenne était arrivée à ce point de supprimer les douaniers et les gendarmes, si la navigation à la vapeur était organisée directement de chez nous vers ces parages, Majorque ferait bientôt grand tort à la Suisse car on pourrait s'y rendre en aussi peu de jours et on y trouverait certainement des beautés aussi suaves et des grandeurs aussi étranges et sublimes... Un temps viendra sans doute où les amateurs délicats et jusqu'aux jolies femmes pourront aller à Palma sans plus de fatigue qu'à Genève.
>
> George Sand

L'arrivée de Mme Maria et de sa fille Marisol interrompit les confidences.

« Mon mari viendra plus tard, il a tant de travail... »

Le docteur Monteleón aimait à être considéré comme un homme très actif et très pressé. Il s'efforçait d'avoir l'allure britannique, parce qu'il la croyait de bon ton et parce qu'il avait les cheveux blonds, mais en réalité il était Andalou. Il parlait beaucoup et bien, surtout de lui-même. Il gagnait de l'argent et vivait avec ostentation.

Presque en même temps que la mère et la fille, arrivèrent aussi Miquel Milà et Hellen, son épouse, la Nord-Américaine qui outre qu'elle était riche, était agréable. La nuit dernière, ils s'étaient rendus au Spideum, et ils parlaient de la femme de lettres argentine qu'ils avaient déjà connue à New York. Mme Maria demandait des détails. Milà se plaisait à en inventer car il était vaniteux. Il avait le nez tordu et une cicatrice sur le front. C'était le résultat d'un coup de poing reçu à l'époque où il était étudiant, et qui avait été une époque triste. Comme il écopait toujours, il était tenu pour lâche, alors qu'en réalité, c'était un héros. Devenu homme, il affronta des problèmes métaphysiques ; ceux-ci ne lui laissèrent point de trace sur la figure, mais le rendirent pédant. Pour finir il trouva refuge dans le paradoxe et le sarcasme, comme tant d'autres.

D'après lui, et bien qu'il fût Majorquin — en cela il s'accordait avec George Sand —, les habitants de l'île étaient des crétins. Il est bien connu que George Sand, avec son grand cœur, aurait voulu nous civiliser : « Il faudra bien des années pour que le Majorquin soit actif et laborieux », écrivait-elle ; en attendant, « nous pouvons lui laisser sa guitare et son rosaire pour tuer le temps. Mais sans doute de meilleures destinées sont réservées à ces peuples enfants, que nous initierons quelque jour à une civilisation véritable sans leur reprocher tout ce que nous avons fait pour eux. » Et afin qu'il ne demeurât aucun doute sur les intentions généreuses qui l'animaient, elle finit d'enfoncer le clou : « Le bruit de nos luttes gigantesques n'a pas éveillé de leur profond sommeil ces petites peuplades qui dorment à la portée de notre canon au sein de la Méditerranée. Un jour viendra où nous leur conférerons le baptême de la vraie liberté et ils s'assiéront au banquet comme les ouvriers de la douzième heure. »

Tout cela avait été écrit en 1838 et presque un siècle plus tard, Miquel Milà continuait de penser la même chose des Majorquins. Il était convaincu que ces derniers critiquaient Mme Ocampo pour les mêmes raisons qui, un siècle auparavant, les avaient conduits à malmener Mme Sand. Miquel Milà proclamait le droit pour chacun — et chacune — de vivre sa propre vie et Mme Maria, qui l'écoutait pleine de méfiance et n'avait jamais lu les livres de George Sand ni ceux d'Ocampo, finit par envoyer sa fille jouer dans le jardin.

Felipa, lasse de lui voir tenir ces mêmes propos qu'elle avait déjà entendus à tant de reprises, interrompit Miquel Milà :

« D'accord ; disons que George Sand a découvert Majorque. Avec elle, le tourisme a pris son essor, on ne peut pas le nier. »

Mme Maria hésitait. Elle ne voyait pas clairement pourquoi Majorque devait être reconnaissante à une femme séparée de son mari et qui vivait avec un autre. Elle n'avait jamais lu *Un hiver à Majorque* mais elle en avait entendu parler.

« Mon enfant, convint-elle à un certain moment, il va de soi qu'une femme peut écrire et malgré cela être une dame comme il faut.

— De qui parlez-vous ? De George Sand ou d'Ocampo ? demanda la Nord-Américaine, qui s'y perdait.

— D'Ocampo, précisa son mari. A Majorque, on ne pardonne pas à une femme le fait d'être divorcée, sans chercher à comprendre que toute la faute peut en être imputée au mari. C'est le cas de Silvia — on sentait qu'il se plaisait à l'appeler ainsi, comme si une amitié intime les eût liés. Il faut savoir que Silvia avait un amant... »

A ce moment, Mme Remei, la grand-mère, entra. Elle avait saisi la dernière phrase et après s'être assise dans son fauteuil habituel regarda l'orateur à travers son face-à-main, mais ne dit rien.

« Oui, Silvia avait un amant, poursuivit Milà, et son benêt de mari ne s'en apercevait pas, ou le feignait. Comme Silvia est très pointilleuse en matière de morale, elle se sentait blessée à cause de l'indifférence de son mari, et alors elle envoya un communiqué à la presse. »

Il regarda son auditoire : la grand-mère avait froncé les sourcils mais restait coite ; les autres murmuraient stupéfaits : « Cette Ocampo est folle », « Pour l'amour de Dieu », « Un communiqué à la presse », « Quelles idées ».

« Je reconnais que ce fut une action courageuse de sa part, reprit Milà. J'ai l'article. Il s'intitule "J'accuse". »

Elle accusait son mari, naturellement, et d'après Milà, les tribunaux le condamnèrent. Aux Etats-Unis, dit-il, les lois protègent toujours le sexe féminin. Le cas de Mme Ocampo, assura-t-il, était cité en exemple dans les écoles. L'affirmation semblait excessive et Hellen interrompit son mari :

« Ceci n'est pas exact, précisa-t-elle. Pas plus que l'histoire telle que tu la rapportes. Le mari l'avait maltraitée et c'est alors qu'elle, dépitée, fit parvenir le "J'accuse" à la presse. Et c'est pour cette raison que les tribunaux le condamnèrent, lui. »

Miquel rétorqua que nonobstant elle avait un amant.

« Oui, Miquel, mais le mari a été condamné à cause des mauvais traitements et non pas pour s'être laissé tromper. Nous ne sommes pas encore arrivés à ces extrémités, aux Etats-Unis. »

Mme Maria demanda si Ocampo avait des enfants. Elle en avait, comme Sand, mais on ne savait pas où ils étaient. Il paraît que l'éminente poétesse les avait livrés à leur propre destin « comme l'arbre livre ses feuilles à l'ouragan ».

C'est alors que Mme Remei, la grand-mère, se fâcha vraiment :

« Alors, vous ne voyez pas que c'est une folle échappée d'un asile ? »

Elle détestait Milà, qui le lui rendait bien en ignorant son existence et qui poursuivit :

« Elle en a parlé elle-même dans son poème " Aux enfants que je n'ai plus ".

– Moi, les femmes de talent me font peur », dit Mme Maria.

Son mari parut alors en présentant ses excuses comme à l'accoutumée : il se trouvait, dit-il, écrasé par la besogne. Il prit son thé et raconta son dernier succès : une appendicite suppurante que personne d'autre n'avait osé opérer. Les statistiques du docteur Monteleón accusaient un seul décès pour mille patients opérés par ses soins.

« Parmi ceux qui ne souffrent point d'appendicite, fit remarquer Hellen, la mortalité doit être plus importante. »

On ne put savoir si elle se moquait ou si ce n'était que de la naïveté. Ce devait être plutôt ceci, s'agissant d'une puritaine comme Hellen. Le docteur Monteleón ne se soucia pas de dissiper le doute parce qu'il avait pour habitude de n'écouter que lui-même. Son érudition était spectaculaire et il aimait en faire étalage. Rappelons-nous qu'il était le tuteur d'Antoni, lequel, simple et inconscient, ne lui vouait aucun respect. Lola se crut dans l'obligation de lui communiquer dans un aparté la récupération du « collier de madame la grand-mère ».

« Ah bon ? et comment cela ?

– Je te l'expliquerai, mon oncle. Je te l'expliquerai plus tard. »

Mme Maria demandait toujours des détails sur l'éminente poétesse sans se soucier de Marisol qui, ennuyée d'attendre toute seule dans le jardin, avait pénétré de nouveau dans le salon à la dérobée. Elle écoutait tout sans broncher, parce qu'elle était bien élevée et aussi parce qu'elle craignait, non sans raison, qu'on ne la renvoyât jouer dans le jardin si l'on s'apercevait qu'elle entendait. Ce genre d'histoires suscitait précisément chez elle les rêves les plus mystérieux : des dames divorcées et très élégantes « qui vivaient leur propre vie », des adultères... Qu'est-ce que cela pouvait bien être, un adultère ? Parler seule avec un homme ? Elle aussi, en jouant avec Antoni, s'était parfois trouvée seule en sa compagnie et il lui avait pris les deux mains en riant et en la regardant au fond des yeux. Il y avait déjà deux ans de cela ; à présent Antoni ne jouait plus à cache-cache. Marisol savait aussi que les hommes méprisent les femmes qui font trop attention à eux, et qu'après ils s'en vantent avec leurs amis au café. « Mais dans ce monde, pensa-t-elle, il existe des hommes plus grands et plus beaux qu'Antoni, des hommes que je n'ai pas encore eu l'occasion de connaître. » Cette réflexion la consola de la réalité mesquine. A ce moment-là, sa mère disait, avec le plus grand sérieux, qu'elle excusait tout car elle était excessivement compréhensive — affirmation à l'évidence outrée — mais qu'elle ne recevrait jamais Mme Ocampo chez elle, ce qui voulait dire que l'idée de l'y recevoir avait déjà traversé son imagination. Il ne s'écoulerait guère de temps avant qu'elle n'ajoutât à ses conclusions catégoriques un « et après tout... » qui les rendrait vaines, mais pour l'heure elle se trouvait dans la phase austère, qu'elle voulut étayer grâce à l'avis de la maîtresse de maison.

« Trouvez-vous, madame Remei, qu'on doive recevoir une divorcée ? »

La vieille se prononça : certes, on devait la recevoir, mais « à coups de balai ». Le docteur Monteleón, avec son sourire de gitan qu'il croyait si britannique, s'excusa de n'être pas de cet avis : il s'agissait, rappela-t-il, d'une « poétesse éminente », comme disaient les journaux, et extrêmement distinguée ; une grande dame de la haute société cubaine.

« Cubaine ou argentine ? demanda Hellen. Je n'ai jamais pu l'éclaircir. »

Le docteur ne le savait pas au juste non plus, mais il se tira d'affaire en disant que « les grands écrivains n'ont pas de patrie ». De quel droit la Grèce pourrait-elle se vanter d'être la patrie de Socrate, puisque celui-ci appartient à l'humanité tout entière ?

« L'intelligence, à ce que je vois, donne tous les droits, remarqua la baronne.

— Jusqu'à un certain point, c'est ainsi, Felipa. Nietzsche parlait déjà d'une morale d'esclaves et d'une autre propre aux hommes libres. »

« Et pourquoi pas aux femmes libres ? » pensa avec sarcasme Felipa. Elle-même fut surprise de l'étrange résonance que cette idée avait réveillée en elle, et demeura pensive.

Milà prit à nouveau la parole et les ténèbres surgirent. Il dit tant de choses que Mme Maria eut le tournis et finit par s'écrier, en se tournant vers Lola :

« Ces idées plairaient à ton frère.

— Il s'intéresse davantage au whisky », dit le docteur. Et sans prêter plus d'importance à la personnalité de son neveu et pupille, il notifia à toute la compagnie que Mme Ocampo avait déjeuné ce jour même chez le marquis de Collera. La nouvelle fit de l'effet. Tous se turent pour la digérer. C'était une nouvelle à laquelle ils ne s'attendaient pas. Une grande nouvelle.

Le marquis de Collera, chef du parti libéral-conservateur, était, socialement parlant, ce qu'il y avait de plus prestigieux dans l'île. Dans un autre ouvrage nous avons fait le récit de sa mort, mais il semble que, malgré tout, il soit encore en vie, puisque nous le retrouvons à présent ; mystère que nous laisserons sans éclaircir afin que la sagacité des générations à venir s'y exerce. Par ailleurs, il est bien connu que des hommes comme lui — qui ont même été ministres — sont immortels.

C'était un érudit accompli (« gentilhomme et latiniste ») et il avait été ministre sous la monarchie. Mis pour un temps à l'écart de la vie politique en 1923, en raison du coup d'état du général Primo de Rivera, que sa conscience libérale condamnait, il dut définitivement y rester après la chute de la dictature, car cette dernière fut suivie de la république, que sa conscience conservatrice condamnait. On attendait beaucoup de ses capacités au fur et à mesure que le nouveau régime semblait évoluer vers une république d'ordre et de bon sens, comme cela s'avérait possible à cette date, sous la présidence du catholique, andalou et très éloquent M. Niceto Alcalá Zamora, « le rossignol de Priego ».

En attendant, l'homme illustre s'adonnait aux beaux arts. Il était déjà un « vieillard octogénaire », comme ce comte de Montenegro que connut George Sand. Quant à la marquise, on ne la voyait qu'une fois l'an, à l'occasion de la semaine sainte. Comment Mme Ocampo s'y était-elle prise pour réussir à être admise dans cette maison traditionnelle, aux allures de palais caldéronien, où rien, à travers les siècles, n'avait changé, elle qui avait abandonné un mari et des enfants « comme l'arbre abandonne ses feuilles à la merci de l'ouragan » ? Le marquis protégeait les artistes mais ne les recevait point chez lui. Quelle était donc cette exception ?

Lola se hasarda à dire « qu'on exagère toujours » et que, peut-être, il n'y avait ni mari ni enfants. Mme Maria reconnut « qu'il est bien difficile de juger les autres » et finit sur un confortable « qui sait ? », mais la grand-mère se dressa devant son fauteuil pour prononcer l'anathème : une divorcée est une gourgandine et ceux qui la reçoivent chez eux sont de la même espèce, lança-t-elle. Ensuite elle mit en doute toute la généalogie des Colleres et après avoir proféré ces mots blasphèmes, qui furent accueillis dans un silence de terreur, elle se retira du salon.

« C'est une dame d'une autre époque, murmura Mme Maria.

— Une maniaque paranoïaque, décréta son mari.

— Je n'aime pas l'intransigeance, reprit Mme Maria. Je crois que cette Mme Ocampo peut être au fond une personne honnête, en dépit de tous les vers qu'elle voudra bien écrire. »

Et oublieuse de tout ce qu'elle avait dit auparavant, maintenant qu'elle savait que les Colleres l'avaient déjà fait, elle ajouta :

« Je suis exigeante pour certaines choses, mais je ne verrais aucun inconvénient à la recevoir chez moi. »

Hellen dit du bien de la poétesse (elle disait volontiers du bien de tout le monde) et Mme Maria accueillit ses mots avec un enthousiasme débordant :

« Il me suffit de savoir qu'elle est votre amie pour l'avoir en estime. Mon Dieu, l'hypocrisie de ce pays me fait mourir. George Sand n'en a pas dit assez. Vous qui êtes étrangère pouvez le percevoir mieux que nous. Ici on ne peut pas bouger le petit doigt sans que tout Palma n'en parle. On voit une dame seule, et sous prétexte qu'elle est belle et s'habille avec élégance on se met à l'étriller. Ceci n'est pas correct, pas le moins du monde ; ce n'est pas chrétien. »

Ce galimatias était l'effet d'un cœur hésitant mais sincère. Lola assura avoir lu dans les journaux que la Ocampo récitait très bien les vers.

« Oui, elle récite merveilleusement, approuva Hellen. C'est une magnifique rapsode. » Elle avait eu l'occasion de l'entendre à New York, à l'ambassade du Nicaragua. Elle l'avait beaucoup appréciée, malgré sa voix un peu étouffée.

« Son accent est très sud-américain, mais lui ajoute du charme.

— Sans aucun doute. Elle a un accent doux, plein de grâce.

— Ce qui atteignit les sommets, dit le docteur avec une gravité presque religieuse, ce furent les deux conférences qu'elle donna à la Sorbonne. J'étais pour lors à Paris. Bergson lui-même — et ici le docteur prit un ton de voix franchement apostolique — la félicita et l'embrassa.

— Embrasser est une coutume du pays, fit observer Hellen. Tous les Français embrassent pour un rien. Tant que j'étais célibataire, mon père ne me laissa jamais aller à Paris. »

III

Présentation de l'Éminente

> Le palais dont Palma se glorifie le plus est celui du comte de Montenegro, vieillard octogénaire, autrefois capitaine général, un des personnages de Majorque les plus illustres par la naissance et les plus importants par la richesse. Ce seigneur possède une bibliothèque que nous fûmes admis à visiter mais dont je n'ouvris pas un seul volume, tant mon respect pour les livres est voisin de l'épouvante.
>
> George Sand

Les esprits s'échauffaient ; une mystérieuse étincelle d'enthousiasme venait de jaillir dans cette réunion languissante et provinciale. Seule la froide Felipa s'en trouvait exempte. Ses yeux verts exprimaient une muette protestation. Les autres, à force de parler des dangers qui entouraient, tel un abîme, l'écrivain-aventurière, mouraient d'envie d'en faire personnellement l'expérience. Lola se sentait de plus en plus inquiète et regardait Hellen comme pour l'interroger sur ce qu'il fallait faire dans un pareil cas. Elle avait en face la porte en acajou, à deux battants, toujours close, qui donnait sur le grand salon de la maison. On ne l'ouvrait qu'à l'occasion d'un décès ou d'une naissance.

Mme Remei était intransigeante concernant l'entretien des damas et des soieries hérités sans la moindre tache. Tous, dans cette maison, avaient été des gens de bon sens, enracinés dans l'île depuis des siècles et extrêmement bien apparentés. Elle avait épousé un Estrada de la branche cadette. Les Estrades étaient une famille tout ce qu'il y a de plus huppé, une des premières *botifarres** de Palma. Ils étaient tous morts dans le même manoir et dans le lit même où ils étaient nés, sans aucune histoire qui les eût fait déchoir. Mais Mme Remei avait une épine au cœur. Elle avait dû marier sa fille à un étranger, Pau Clavier, frère aîné de Mme Maria, lequel était mort jeune. Les Clavier étaient des continentaux, enfants d'un vieux général qui s'était illustré lors de la guerre de Cuba. Mme Remei consentit à demi forcée à cette alliance dont naquirent Lola et Antoni, et ne parvint jamais à leur pardonner complètement leur patronyme Clavier. Plus tard, lorsque le docteur Monteleón et sa femme vinrent s'installer dans l'île, elle ne les trouva pas à son goût : ils organisaient trop de fêtes, dépensaient et bougeaient trop. Mme Maria, l'épouse Monteleón, née à La Havane à l'époque où le général Clavier s'y distinguait par ses prouesses guerrières, en bonne créole, était indolente. Mme Remei aurait eu beaucoup à dire sur le chapitre, mais soupirait : « Il est plus raisonnable de se taire. »

Il faisait sombre déjà et les invités parlaient toujours de la poétesse dans une excitation croissante. Marisol, bien sage dans la pénombre où elle passait inaperçue, écoutait ces conversations qui pour elle étaient encore parées du prestige du fruit défendu. Sa mère venait de dire qu'elle ne verrait aucun inconvénient à faire la connaissance de Mme Ocampo. Elle ajouta même qu'elle l'inviterait peut-être à dîner. Il s'agissait d'une femme de lettres

* *Botifarres* : personnes appartenant à la noblesse majorquine. (N. des T.)

illustre, hôte de Majorque, et elle ne voulait pour rien au monde que le cas de George Sand vînt à se reproduire, « qui nous avait rendus si tristement célèbres dans toute l'Europe ». Le docteur Monteleón fit observer que tous les Majorquins n'avaient pas refusé de recevoir George Sand et Chopin :

« Le comte de Montenegro mit à leur disposition son palais et sa bibliothèque, qui étaient immenses et pleins de trésors.

— Cependant, remarqua Miquel Milà, il s'arrangea pour ne pas y être lorsque le couple célèbre alla lui rendre visite.

— La bibliothèque de Montenegro, poursuivit Monteleón sans lui prêter attention, avait été rassemblée par l'oncle du comte, le cardinal Despuig, ami intime de Pie VI, qui avait acquis en Italie, en France et en Espagne une grande quantité de manuscrits et d'incunables. Entre autres merveilles, il y avait la « carte de Vallseca », mappemonde majorquine du XVe siècle célèbre dans le monde entier. Avant d'être au cardinal Despuig et au comte Montenegro, elle avait appartenu à Americo Vespucci, comme on peut le voir dans l'inscription figurant au dos du parchemin : « *Questa ampia pelle di geographia fù pagata da Amerigo Vespucci CXXX ducati di oro di marco.* » Cent trente ducats de marc constituaient déjà au XVIe siècle une fortune. Combien devait-elle coûter au XIXe, et combien coûterait-elle à présent, cette mappemonde unique ? George Sand et Chopin voulurent la voir. Le chapelain de la maison, qui les recevait en l'absence du comte, déplia le rouleau de parchemin sur la table et George Sand eut l'idée de poser un encrier dessus pour le maintenir à plat... »

L'histoire que le docteur Monteleón rappelait est assez connue et il vaudra sans doute mieux entendre George Sand elle-même la rapporter : « Le parchemin, habitué à être roulé, dit celle-ci, et poussé peut-être en cet instant par quelque malin esprit, fit un effort, un craquement, un saut, et revint sur lui-même entraînant l'encrier ; ce fut un cri général ; le chapelain devint plus pâle que le parchemin. On déroula lentement la carte, se flattant encore d'une vaine espérance. Hélas, l'encrier était vide ! La carte était inondée et les jolis petits souverains peints en miniature voguaient littéralement sur une mer plus noire que le Pont-Euxin. Alors chacun perdit la tête. Je crois que le chapelain s'évanouit. Les valets accoururent avec des seaux d'eau comme s'il se fût agi d'un incendie et à grands coups d'éponge se mirent à nettoyer la carte emportant pêle-mêle rois, mers, îles et continents... Il nous tardait de fuir avant que le patron rentrât et nous n'osâmes y retourner. »

Tandis que le docteur Monteleón évoquait cette histoire vieille alors de presque un siècle, Marisol songeait avec délices à la possibilité d'avoir comme invitée la fameuse Silvia Ocampo. Ni elle ni son frère Alfons ne mangeaient encore à table avec les invités, mais dans les grandes occasions on leur permettait d'y prendre place au moment du dessert. Bientôt elle aurait quinze ans et peut-être serait-elle traitée comme une grande personne. « Invite-la, maman, pensait la fillette. Tous les journaux de Palma en parleront. Peut-être me laissera-t-on mettre une robe longue ce jour-là. Finalement, quant au divorce... si son mari la maltraitait, que pouvait-elle faire d'autre ? Et pour ce qui est de l'adultère... » Ici, l'imagination de Marisol s'égarait à nouveau dans une terre inconnue.

La voix du docteur Monteleón s'éleva au-dessus du murmure des conversations, impérieuse :

« Il n'y a pas de doute, on doit l'inviter. Il ne faut pas qu'une étrangère célèbre puisse encore une fois nous accuser d'avoir été inhospitaliers. Nous nous réunirons tous pour dîner. »

Felipa le regardait avec ses yeux verts et froids :

« Ne comptez pas sur moi », dit-elle.

Mme Maria protesta :

« Nous ne sommes plus au siècle de George Sand et de Chopin. Tout a changé depuis ce temps.

— Souviens-toi de Huxley. »

Mme Maria rougit. « L'affaire Huxley » constituait sa blessure secrète, la honte de sa vie. Elle s'était tant fait remarquer à l'époque où ils venaient souvent chez elle — Huxley était arrivé à Majorque en compagnie d'une prétendue sœur —, elle avait fait de tels efforts pour lire les œuvres de Huxley afin d'être à la hauteur...

« Mais, messieurs, s'écria le docteur Monteleón, qui disait volontiers " messieurs " comme s'il était en train de donner une conférence, on ne peut pas vivre éternellement dans la méfiance et la suspicion. Nous avions cru qu'il était Huxley et elle sa sœur. Pourquoi ne l'aurions-nous pas cru ? Comment mettre en doute sa parole ? Les honnêtes gens devons, par principe, supposer que les autres le sont aussi tant que le contraire n'a pas été démontré. Peut-être le comte de Montenegro aurait-il préféré que cette George Sand et ce Chopin qui visitèrent sa bibliothèque n'eussent pas été les vrais, mais des faux, et qu'en revanche ils n'eussent pas renversé un encrier sur la mappemonde de Vallseca. Est-ce juste ou non ? »

Personne ne répondit à cette question, bien superflue car la chose était sans remède. De plus, Antoni venait alors d'entrer.

« Je ne rentrerai pas dîner, dit-il. Silvia Ocampo m'attend.

— Es-tu venu avec elle ? demanda Lola après un moment de stupeur. Où est-elle ?

— Je l'ai conduite dans le salon. »

Lola jeta un regard sur la grande porte en acajou à deux battants que l'on ouvrait seulement à l'occasion des décès ou des naissances. Son frère et l'étrangère, par conséquent, avaient dû pénétrer dans le salon par la petite porte dérobée, utilisée uniquement par le personnel de service lorsqu'il s'y rendait les samedis pour faire le ménage, et qui donnait sur un couloir étroit et sombre. Antoni, malgré son état euphorique coutumier, était un peu emprunté.

« Bon, nous partons », dit-il.

Le docteur le regarda avec rancune. Son morveux de neveu l'avait devancé pour se lier avec la célébrité du moment.

« Mais, mon vieux, ce serait une bonne occasion pour la connaître. »

Toute l'assistance se sentait partagée entre un certain agacement et le désir de connaître la célébrité qui se trouvait à quelques pas derrière la porte en acajou. Ils se mirent à se disputer et personne n'écoutait les autres. Antoni et Felipa avaient commencé une conversation en aparté :

« T'a-t-on raconté l'histoire du collier, Felipa ?

— Je n'arrive pas à y croire...

— Que ce soit moi qui l'aie volé ? Alors ce doit être toi, car il n'y avait personne d'autre et le collier n'a pas de jambes.

— Tu dis n'importe quoi, Antoni. »

Le docteur s'approcha alors et saisit Antoni par le bras. Il ne pouvait pas se résoudre à l'idée d'avoir la célébrité mondiale si proche et de perdre l'occasion de la connaître. Pour la première fois il lui sembla que son neveu était déjà un homme, un rival, d'une certaine façon. Le bras qu'il retenait entre ses mains était vigoureux, athlétique. Deux ans avant, il lui administrait des piqûres de calcium et lui recommandait de faire de la gymnastique. Il se vit dans une glace et se trouva vieilli, chauve. Les femmes sont sottes, pensa-t-il, courroucé. D'un ton comminatoire, il dit à voix haute :

« Bref, qu'est-ce qu'on décide ? Puisque cette dame se trouve ici... »

Antoni s'enhardissait à vue d'œil.

« Décide, mon oncle : tu es mon tuteur. Veux-tu la connaître ? Veux-tu que je la fasse entrer ? »

L'oncle et le neveu regardaient Mme Maria.

« Voici l'occasion, dit-elle. Ce serait très peu correct de l'avoir amenée à la maison sans nous la présenter.

— Non, s'écria Lola alarmée. Songez à grand-mère.

— Je m'en vais, dit Felipa en récupérant ses renards. »

C'est alors que l'insolite, le prodigieux, se produisit : les deux battants de la grande porte en acajou qui donnaient sur le salon s'ouvrirent d'eux-mêmes et devant un décor de damas cramoisi, la poétesse apparut, couverte de tulle, de fleurs et de plumes. C'était une femme fabriquée, trop élégante, trop parfumée, vêtue de manière aussi peu adéquate que parfaitement délicieuse, grande, svelte et très attirante.

« *Good night*, fit-elle en simulant un trouble de collégienne. Messieurs... (elle disait aussi « messieurs » comme le docteur ; Felipa, qui le remarqua sur-le-champ, la taxa de snob dans son for intérieur). Messieurs, j'espérais que mon ami Antoni serait assez aimable pour m'offrir une tasse de thé, mais voyant que le temps passait et qu'il ne se souvenait plus de moi, j'ai pris la liberté de m'inviter moi-même. J'espère que vous aurez la bonté de m'en excuser... »

« Quel naturel, quelle simplicité », pensa Monteleón. Il lâcha le bras athlétique d'Antoni dont il n'avait plus aucun besoin.

« Elle est très élégante », murmura Mme Maria. « Je l'imaginais plus provocante », susurra à son tour Lola. Et comme celle-ci représentait la maîtresse de maison absente, elle s'approcha de Silvia Ocampo avec un sourire de circonstance que nous n'avons pas le droit de croire faux.

« Ce sera un plaisir, madame.

— Un véritable plaisir, souligna Mme Maria. »

IV

LES MONTELEÓN

> Au premier abord la capitale majorquine ne révèle pas tout le caractère qui est en elle. C'est en la parcourant dans l'intérieur, en pénétrant le soir dans ses rues profondes et mystérieuses qu'on est frappé du style élégant et de la disposition originale de ses moindres constructions.
>
> GEORGE SAND

Nous avons déjà dit que l'épisode de Huxley et sa sœur représentait la blessure secrète de Mme Maria, sans parler de la migraine provoquée par la lecture forcée de certains livres dont le contenu dépassait grandement son entendement. Nous expliquerons cela plus tard, car auparavant il convient d'affirmer que sans la vaste culture ni l'entregent de son mari, jamais Mme Maria n'aurait eu connaissance du nom même de Huxley, ce dont elle n'avait du reste nul besoin pour fréquenter la bonne société de l'île, et ce qui lui aurait épargné d'être trompée sur la marchandise.

Le docteur était au courant, à la façon méridionale, des mouvements littéraires et artistiques de l'époque. Il connaissait de nom toutes les œuvres qui méritaient quelque intérêt, il dissertait sur le freudisme et sur la sexologie, citait le Christ et Platon, quoique des lectures postérieures et plus *à la page* l'eussent rendu nietzschéen convaincu. Comme d'autres Andalous, il était à cette époque pro-aryen et pangermaniste. Nietzsche, Spengler et *Mein Kampf* formaient la trilogie objet de sa plus grande admiration, sans que leur anti-christianisme commun suscitât en lui la moindre objection: « J'ai connu un garçon, disait-il par exemple, qui ne voyage pas parce qu'il doit entretenir ses parents. Quelle erreur ! S'ils sont vieux, ils méritent de mourir ; le fils, jeune et fort, doit vivre dangereusement. » D'autres fois, en revanche, il soutenait tout le contraire. En définitive, il était moins méchant que simple d'esprit.

A l'instar de bien des Andalous, il possédait les qualités d'un homme d'action, c'est pourquoi il aurait fait un excellent orateur politique. Et l'on ne pouvait pas dire qu'il fût mauvais médecin. Son assurance guérissait de nombreuses maladies qui en réalité n'en étaient pas. Mais, hélas, il est des cas pour lesquels il n'y a point de remède. Ce n'était pas, bien entendu, de sa faute. Comme ce ne fut pas non plus de celle de cet autre docteur, ce « riche médecin » dont parle George Sand sans nous en donner le nom — le privant ainsi d'une occasion unique de passer à la postérité —, si ce benêt de Chopin avait eu l'idée d'être fin phtisique en dépit de son diagnostic: « Notre malade commença à souffrir et à tousser. De ce moment nous devînmes un objet d'horreur et d'épouvante pour la population. Nous fûmes atteints et convaincus de phtisie pulmonaire, ce qui équivaut à la peste dans les préjugés contagionistes de la médecine espagnole. Un riche médecin, qui pour la modique rétribution de quarante-cinq francs daigna venir nous faire une visite, décréta pourtant que ce n'était rien et n'ordonna rien. »

C'est aussi grâce à son aplomb que le docteur avait séduit Maria Clavier et celle-ci, en l'épousant, l'avait fait pénétrer d'emblée dans la meilleure société de l'île. Mme Maria, comme nous l'avons dit, était la fille d'un général qui s'était distingué au cours de la guerre de Cuba, libéral, franc-maçon peut-être, et même poète. Le frère aîné de Mme Maria, après avoir épousé à Palma une Estrada, était mort jeune en laissant deux enfants, Lola et Antoni. Monteleón se trouva donc allié à la crème de Palma et reçu partout. Le fait d'être parent des parents de la baronne Felipa le rendait particulièrement heureux. Sa femme l'admirait : il se laissait admirer et en juste retour collaborait à accroître sa culture, plutôt précaire lorsqu'il l'avait connue. A l'époque où nous avons commencé ce récit, Mme Maria n'hésitait pas à citer, s'il le fallait, Freud et Einstein, ce qui néanmoins ne l'empêchait nullement d'être une excellente ménagère.

Les impairs de Mme Maria, qui était d'un naturel confiant, faisaient date dans la société de Majorque. Le célèbre roman *Contrepoint* venait d'être traduit en castillan et avait acquis une juste renommée. Lorsque la *miss* qui enseignait l'anglais à ses enfants communiqua à Mme Monteleón que l'auteur de *Contrepoint* venait se reposer à Majorque en compagnie de sa sœur, Mme Maria eut envie de le connaître et en parla à Hellen, la Nord-Américaine mariée avec Miquel Milà. Celle-ci se proposa tout de suite comme intermédiaire, enthousiasmée aussi à l'idée de voir de près un écrivain aussi célèbre. Mais Huxley avait fait le voyage de Majorque rigoureusement incognito et il fallut bien des efforts pour parvenir à le convaincre de se laisser inviter par les Monteleón. Il était venu, disait-il, se reposer et il refusait de sortir de son incognito. Il avait d'ailleurs de bonnes raisons de s'y maintenir, car lorsqu'il sortit de l'incognito, on le mit en prison pour escroquerie et usurpation d'identité. Mais, en attendant, les Monteleón avaient reçu le couple et en avaient fait la présentation à toutes leurs connaissances. Jusqu'au moment où l'intervention de la police et du juge eut lieu, Mme Maria ne s'était pas avisée de l'attrape-nigaud dont elle était la victime. Alors elle jura de ne plus jamais admettre d'étrangers chez elle et on l'entendit même approuver chaleureusement la conduite de ces Majorquins qui un siècle auparavant avaient refusé de recevoir George Sand et Chopin.

Pourtant, peu de temps après, elle fit la connaissance d'une dame belle et malheureuse, une Française « de grande famille » marquée par une tragédie : le lendemain de son mariage, son mari avait ressenti l'appel d'une étrange vocation ascétique, et après avoir partagé tous ses biens entre les pauvres, s'était retiré dans un ermitage en conseillant à sa femme d'aller à son tour se reclure dans un couvent. La dame avait de fermes principes religieux, mais ne se sentait pas disposée à faire profession sans en avoir la vocation.

« *Voyons, ma chère*, dois-je m'enterrer vivante comme dans un opéra ? Je ne suis ni mariée, ni célibataire, ni veuve. Ah, si j'écrivais ma vie, ce serait un véritable roman. »

Mme Maria lui redonnait courage :

« Vous êtes une martyre, mais ne vous mettez pas martel en tête, autrement vous tomberez malade. A votre place, je m'amuserais autant que je le pourrais, toujours dans les limites de la décence, bien entendu.

— *Ah, Madame, comme vous êtes bonne.* »

Elle essuyait ses larmes avec son mouchoir et Mme Maria se sentait bien obligée d'en faire autant. L'autre lui disait qu'elle n'avait jamais trouvé de dame aussi compréhensive qu'elle, aussi intelligente, aussi dévouée. Et après avoir fait l'énumération de ses chagrins, elle se mettait à parler affaires. Elle était en train de monter un petit établissement *très chic,* qu'on appellerait Hispania. La cuisine y serait raffinée, l'on disposerait de quelques chambres, il y aurait un petit salon rose style Louis XV, bien entendu, *très charmant*.

« *Oh, très charmant*, je vous l'assure, vous verrez. »

Comme les mandats postaux et les virements bancaires tardaient à venir de France, elle lui demanda quelques prêts. Mme Maria les lui accorda.

« De ceci, Jacqueline, pas un mot à mon mari. Les hommes ne comprennent pas... »

Elle dut engager quelques bijoux, mais elle le faisait avec plaisir car son cœur était aussi généreux qu'étourdi. Un jour, la Française arriva rayonnante, un exemplaire du *Levant Post* à la main, le journal édité par les Anglais à Majorque. Il s'y trouvait un article qui parlait d'Hispania. Mme Monteleón en déduisit que l'établissement de son amie était une sorte d'annexe de l'ambassade de France, un centre voué au développement des échanges culturels entre l'Espagne et la France.

« Hispania sera un *home*, un *foyer,* la maison de tous, disait Jacqueline en faussant le sens de *home*, ou en l'élargissant, du moins. Vous verrez, Maria. Ah, mais il est si dur de devoir se battre contre la calomnie... »

Le *home* était en réalité une maison de rendez-vous. Les Monteleón y soupèrent imprudemment, invités par Jacqueline qui, après le quatrième verre, fondit en larmes et leur fit part des calomnies auxquelles était en butte, « dans ce pays », une dame de sa condition, dont les aïeux avaient fait souche en Touraine voici trente générations. Pendant ce temps, les Monteleón entendaient ouvrir et fermer tant de portes et voyaient passer et repasser tant de couples dans le couloir demandant de l'eau chaude, que, malgré tout, Mme Maria finit par penser mal. Le docteur était un *esprit fort*, un nietzschéen, un homme aux idées pangermanistes très progressistes, mais tout de même, il y avait certaines choses...

Sa légèreté devait encore pousser Mme Maria à tenter de faire baptiser Claudia et le docteur Wassmann.

Eblouie par le prestige de la danseuse et de son représentant officiel, il ne lui parut pas assez de les accueillir chez elle. Elle voulut en faire de bons catholiques.

« Je serai leur marraine. Ils n'ont qu'à venir trois fois par semaine et je réussirai à les endoctriner. »

Le philosophe et l'artiste, sérieux et attentifs comme deux moutons qui résolvent des problèmes d'arithmétique au milieu du cirque, notaient les arguments de la « marraine », laquelle ne doutait pas qu'elle était en train de les convertir. Le père Apellániz l'avait prévenue de bien peser ses mots, mais nous avons déjà dit que Mme Maria était très confiante.

« Ils sont bons comme le bon pain, ce sont deux petits anges, mon père. Si vous voyiez comme ils m'écoutent... »

On s'en rendit compte quelques semaines plus tard. Le moment du baptême venu, une fois dans l'église et devant un public choisi, parmi lequel se trouvaient aussi les journalistes, le docteur Wassemann sortit une poignée de feuillets et se mit à lire les sermons que Mme Monteleón leur avait débités et qu'il avait notés en sténographie. Ils étaient absurdes et contradictoires ; souvent ils dérivaient tout net vers l'hérésie. La lecture dura plus d'une heure. A la fin, Wassemann demanda :

« Est-ce que madame Maria Clavier de Monteleón reconnaît exactement les arguments qu'elle nous a exposés ? Si tel en est le cas, vous me permettrez, au nom de ma sœur spirituelle, Claudia, et au mien propre, de vous présenter à mon tour notre réfutation. »

Le père Apellániz, face à cette situation qu'il avait déjà pressentie, tenta de limiter les dégâts, mais il était trop tard. Claudia et le docteur Wassemann sortirent sans avoir reçu les eaux baptismales. Ensuite, la presse étrangère rapporta l'incident avec force références à l'Inquisition et en reproduisant des photos de la danseuse et du docteur Wassemann, qui, du reste, se virent offrir un contrat à Barcelone, elle pour danser, et lui pour expliquer les danses — ces danses ésotériques que personne, avec ou sans éclaircissements, n'arriverait jamais à comprendre.

V

Où l'on prépare un dîner

> Mais, me dira-t-on, *que diable alliez-vous faire sur cette maudite galère ?* Je voudrais bien entretenir le lecteur le moins possible de moi et des miens ; cependant je serai forcé de dire souvent, en parlant de ce que j'ai vu à Majorque, *moi* et *nous* ; moi et nous, c'est la *subjectivité* fortuite sans laquelle l'*objectivité* majorquine ne se fût point révélée sous de certains aspects, sérieusement utiles peut-être à révéler maintenant au lecteur. Je prie donc ce dernier de regarder ici ma personnalité comme une chose toute passive, comme une lunette d'approche à travers laquelle il pourra regarder ce qui se passe en ces pays lointains desquels on dit volontiers avec le proverbe : j'aime mieux croire que d'y aller voir.
>
> George Sand

Il serait pourtant dans l'erreur, celui qui penserait que dans ce bas monde il ne se produit que des désastres et que les Monteleón ne recevaient jamais de notabilités authentiques. Chez eux défilaient les gens les plus remarquables qui débarquaient à Majorque et le docteur avait du succès parmi les étrangères. Les plus naïves admiraient ses manières britanniques et les plus rouées s'amusaient beaucoup à la découverte du gitan sous les prétentions aryennes et pangermanistes de ce lecteur acharné de Spengler. En outre, il y avait la famille, très étendue, de Mme Maria, aussi bien celle de Madrid que celle enracinée dans l'île. Le général Clavier, octogénaire qui sortait à peine de son hôtel de la Castellana, leur envoyait de temps à autre un ambassadeur ou un ministre ; parfois même une altesse royale, comme cela avait été le cas l'année précédente. Il avait été un grand personnage et à présent encore, quoique gâteux, il conservait tout son prestige social. Comme Weyler, il plongeait ses racines dans le libéralisme, mais dans un libéralisme bien compris. Il avait écrit des vers à la manière chauvine et ampoulée de son époque (pas plus chauvine ni ampoulée que celle des temps qui s'annonçaient), c'est pourquoi les journaux l'appelaient « le général poète par antonomase ». Du temps de la guerre de Cuba, l'*Ilustración Española y Americana* publiait ses poèmes à la meilleure place et dans un encadré :

L'honneur ne réside pas dans une mort trouvée
Sur le futile champ de la fierté blessée.
Qui meurt pour sa patrie s'en va tout droit au ciel
Et Dieu châtie celui qui périt en duel.

Il possédait une belle barbe et son regard trahissait cette capacité de décision qui lui avait fait défaut à Cuba et ce talent qui manquait à ses compositions si inspirées.

Mme Maria aimait la bonne chère et disposait d'un merveilleux cuisinier. Les ambassadeurs et leurs attachés la remerciaient des banquets avec des cartes de visite et des bouquets de fleurs, les altesses avec des photographies dédicacées, les journalistes en faisant de la publicité pour le docteur Monteleón. Maintenant la voilà occupée à organiser un dîner en l'honneur de Mme Ocampo. Aussi bien elle que son mari étaient d'accord pour montrer une fois pour toutes que, des deux classes dont parlait George Sand à propos de la population de l'île, ils appartenaient à celle des « fort affables ».

Mme Maria pensait au fameux canard *à l'orange*, spécialité de son cuisinier, tandis que le docteur Monteleón se préoccupait surtout des éventuels journalistes à inviter. Un dîner intime, c'est une chose excellente, pourvu que la presse s'en fasse l'écho. Mme Ocampo avait promis, comme il était de rigueur, de réciter des vers à l'heure du café.

« Moi, docteur Monteleón, lui avait-elle dit, je ne suis qu'une jongleresse et déclamerai tout ce qu'on me demandera. Inviterez-vous Antoni ? »

Elle prononça ce nom avec indifférence mais en observant à la dérobée le visage du docteur, qui opta pour l'impertinence :

« La jeunesse vous intéresse-t-elle, Silvia ?

— Elle m'enthousiasme. Ah, docteur, cela veut dire que nous devenons vieux. »

Et avec son élégant éventail de plumes elle toucha le crâne chauve de son interlocuteur. Madame María rit, pleine de spontanéité et de béatitude :

« Le fait est, chéri, que tu perds tes cheveux. »

Il lui eût rétorqué de bon cœur qu'elle, en revanche, pesait plus de quatre-vingts kilos, mais Mme Maria devança cette réplique :

« En effet, on devient vieux. J'ai épouvantablement grossi.

— Comme cela, madame, dit la poétesse, vous n'aurez pas de rides et garderez votre peau si merveilleusement lisse. »

Le docteur se tut, vaincu, pendant que la femme de lettres continuait de cajoler Mme Maria, qu'elle trouvait de plus en plus sympathique :

« Moi, je ne perds pas mes cheveux et je ne grossis pas, mais je me sens si vieille... J'ai deux mille ans, je suis antérieure à l'ère chrétienne. Amado Nervo me situe dans la Grèce antique. »

La vieillesse de l'Eminente — c'est ainsi que la nommait la presse — était bien entendu métaphorique.

« Vos enfants assisteront-ils au dîner ? Je ne connais pas encore Alfons.

— Oh, protesta la maîtresse de maison, la petite n'a pas encore fait ses quinze ans et son frère en a dix-sept. Ils viendront au dessert pour vous entendre réciter.

— La jeunesse me plaît, avoua de nouveau la Ocampo avec un grand sourire. Dites-moi, madame Maria, votre fils est-il aussi beau que Marisol ?

— Marisol n'est pas aussi jolie que vous le dites, quoiqu'elle possède d'autres qualités. Lui, en revanche, si : il est blond aux yeux bleus... »

Et avec l'enthousiasme propre d'une mère, elle se mit à décrire un séraphin. L'Eminente l'écoutait avec curiosité. Un séraphin en pâte d'amandes ? pensait-elle.

« Oh, madame, s'il a dix-sept ans, il ne doit plus être un séraphin intact. Dans mon pays, à cet âge-là on commence à perdre des plumes. »

Qui est-elle, et que représente-t-elle au juste, Mme Ocampo ? Cette fois, il ne s'agit pas d'un faux Huxley ni de Mme Jacqueline. Il suffit d'observer ses manières. Le fait d'être divorcée, en Amérique, cela ne prouve rien. Elle est arrivée à Palma avec une recommandation pour le marquis de Collera. On peut voir son portrait dans un supplément du Larousse, sous sa biographie. Elle a publié des livres, a récité des poèmes dans les ambassades, a donné des conférences à la Sorbonne.

Les Monteleón ont monté tout cela en épingle. Lola, avec une certaine tiédeur, a promis d'assister au dîner.

« Dois-je venir en robe longue ?

— En aucune manière, quelle absurdité... Je n'ai pas l'intention de m'habiller, il ne manquerait plus que ça. Nous voulons que ce soit un dîner intime. »

Cependant, au dernier moment, il y eut contrordre : les hommes seraient en smoking et les dames en tenue de soirée.

« Un dîner en tenue de ville n'a aucun chic, argumenta

Mme Maria, encore que cela fasse très moderne. A la maison, on s'habillait toujours pour le dîner, même s'il ne venait que l'assistant de mon père. Dîner sans s'habiller, disait papa, c'est comme boire du champagne dans un verre ordinaire. »

Le docteur eut une entrevue avec Antoni, qu'il reçut debout, dans son bureau :

« J'ai à te parler en tant que tuteur. Tu viendras dîner avec ta sœur. J'ignore quels peuvent bien être tes rapports avec la Ocampo. Je suppose que tu ne te figures pas qu'une femme divorcée et d'une telle expérience veuille perdre son temps avec un blanc-bec comme toi. Depuis un certain temps ta conduite me déplaît. D'abord, tu négliges tes études. Tu devrais savoir que l'ère du *señoritismo* * est révolue. Même si tu t'appelles Estrada...

— Clavier, mon oncle, l'interrompit Antoni, très amusé du lapsus qui trahissait les préoccupations sociales de son tuteur. Clavier est mon nom et j'en suis fier.

— Donc, bien que tu t'appelles Clavier et d'Estrada et que tu sois petit-fils d'un général et apparenté à la meilleure société de l'île, tu es tenu d'étudier. Quand j'avais ton âge, je travaillais dans une pharmacie pour contribuer à me payer mes études. »

« Naturellement, pensa le neveu, puisque ta famille n'avait pas le sou. Mais ce n'est pas mon cas. »

Le tuteur crut deviner quelque chose de ce que son pupille pensait car il éleva la voix :

« L'héritage entier de tes aïeux, dans tes mains, serait vite épuisé. »

Une fois sur le terrain de la morale économique, le tuteur s'emballa et semblait ne plus se rappeler ni le dîner ni la Ocampo. En réalité, sa pensée suivait un cours logique, puisqu'en définitive il s'agissait de couper les ailes à son neveu dans ses relations avec cette dame,

* *Señoritismo :* parasitisme des fils de famille, les *señoritos.* (N. des T.)

relations qu'il trouvait ridicules — elle aurait pu être sa mère — et qui l'exaspéraient. Il consulta sa montre.

« Je vais me mettre en retard. On m'attend pour ma consultation. On en reparlera... »

Il voulait lui dire un mot du collier de diamants. Il hésita :

« On m'attend pour ma consultation, répéta-t-il. Nous nous reverrons au dîner. Je suppose que tu t'y conduiras correctement et surtout que tu n'oublieras pas que tu es chez moi. »

Antoni demeura un instant déconcerté. En réalité il n'avait pas songé qu'une dame aussi renommée pourrait avoir avec lui une sorte de relation autre que celle de simple connaissance. Le discours moralisateur de son oncle et tuteur lui avait ouvert d'un seul coup les yeux et fait voir certaines possibilités. Car l'Eminente était encore assez appétissante dans sa maturité splendide. Un peu honteux de ces pensées, il prit finalement le parti d'en rire.

« Ne te fais pas de souci, mon oncle. Nos rapports sont purement chorégraphiques ; elle aime danser avec moi parce que cela, dit-elle, la fait maigrir.

— Bon. Tu es prévenu. »

Il lui tendit un cigare d'un air protecteur, comme s'il lui eût proposé le calumet de la paix et monta dans la voiture qui attendait à la porte.

« Dans trois minutes, dit-il au chauffeur, je dois être place d'Itàlia. »

« Antoni est en train de devenir insolent, pensait-il, et sa conduite, plutôt que scandaleuse, est franchement sotte, ce qui est pire. »

Il n'osait pas s'avouer que ce qui le froissait dans la conduite de son neveu, c'était le fait qu'il était devenu un homme. « Tout ce qu'il est à présent, il me le doit ; sans mon traitement vitaminique et calcifiant... »

La vie est cruelle. Le traitement appartenait en effet au

docteur, mais l'aspect viril qu'Antoni avait pris en l'espace d'une année était la propriété personnelle et inaliénable de l'intéressé. Le docteur, en revanche, en un an était devenu chauve. Il se regardait dans le rétroviseur et trouvait que cette tête dégarnie était tragique. « Les femmes sont stupides », se dit-il à nouveau d'un ton lugubre. Si Méphistophélès lui était apparu, il lui eût vendu son âme en échange de la chevelure de son chauffeur.

« Qu'est-ce que vous utilisez pour vos cheveux, Lluìs ?

— Rien, monsieur.

— Quel âge avez-vous ?

— Vingt ans, monsieur.

— Je vous achète cinq mille cheveux à cinq pesetas chacun. »

Le chauffeur, surpris, regarda dans le rétroviseur.

« Mais, est-ce que j'en ai autant ?

— Ne soyez pas ignorant. Vous en avez beaucoup plus.

— Je vous les céderais bien volontiers. Ma fiancée dit... »

Un enfant traversait la rue en courant et la voiture dut freiner brusquement. Les dialogues s'interrompent toujours au moment le plus intéressant.

« Que dit votre fiancée ?

— Elle dit que je ressemble à un ours. »

Le docteur se tassa sur son siège. Cela l'avait rassuré. Une quantité excessive de cheveux, à ce qu'il semblait, pouvait paraître vulgaire aux yeux des femmes. Il ne fallait pas perdre tout espoir. La calvitie, après tout, est un attribut masculin. La preuve en est que les femmes ne deviennent jamais chauves. Tout cela, il l'avait lu dans les livres de Marañón. « Et Antoni, par ailleurs, est si insignifiant. Allons donc, je finirai bien par le mettre au pas : il suffira de lui couper les vivres... »

Une femme telle que Silvia Ocampo ne pouvait pas se

sentir attirée par un blanc-bec, mais allez comprendre quelque chose aux femmes. George Sand était tombée amoureuse du pauvre tuberculeux qu'était Chopin. Il fallait voir comment elle le défendait à coups de griffes envers et contre tous, comment elle rabrouait les Majorquins parce qu'ils craignaient d'être contaminés : ils étaient si ignorants, si superstitieux, qu'ils croyaient à la contagion de certaines maladies. « Et pourtant, pensa le docteur Monteleón, qui était, souvenons-nous-en, Andalou, mais savait être juste, et pourtant, les Majorquins avaient raison. Quelques années après, grâce aux travaux de Pasteur, il demeurerait hors de doute que certaines maladies peuvent être transmises par contagion. » En pensant à George Sand et à Chopin il avait oublié Silvia Ocampo et Antoni. Après tout, qu'y avait-il de commun entre ces deux couples ? Rien. Peut-être s'inquiétait-il sans raison.

Le récital promettait d'être un succès. Il était arrivé à Majorque, presque en même temps que la Ocampo, une pianiste étrangère précédée aussi d'une de ces vagues réputations qui excitaient tellement l'imagination du docteur. Il s'agissait d'une femme remarquablement belle et énigmatique, douée de génie, qui ne se laissait guère voir et qui, comme tout le monde, était venue exclusivement pour se reposer. Monteleón comptait l'avoir au dîner, lequel, ainsi qu'il avait été convenu, aurait lieu dans la plus stricte intimité. C'est comme tel qu'il serait évoqué dans la presse. Intimité proclamée aux quatre vents et assortie de deux ou trois noms très connus, mais connus uniquement d'une minorité choisie. Le docteur en savait long sur les combinaisons du prestige. Lui-même était prestige. Il n'était des pieds à la tête que pure renommée, prestance : c'est-à-dire, déguisement. Les marquis de Collera avaient déjà promis d'assister à la fête et ceci comblait d'aise ce cœur assoiffé d'éclat. Au dernier moment, hélas, une indisposition de la marquise gâcha tout. Le dîner dut se faire sans l'homme illustre.

La baronne Felipa d'Estrada semblait la plus difficile à convaincre. Monteleón, connaissant, dit-il, par expérience, « ses idées absurdes et sa haine pour tout ce qui est vital », avait cru inutile de l'inviter. Mais Mme Maria décrocha le téléphone et en un instant, devant son mari stupéfait, obtint sa promesse d'y assister. Le fait était si insolite qu'il mériterait bien un commentaire. Nous tâcherons en attendant de fixer l'importance sociale des Estrades.

VI

Les Estrades

> Au premier abord ces mœurs semblent patriarcales et on est tenté d'admirer le sentiment républicain qui préside à ces rapports de maître à valet ; mais on s'aperçoit bientôt que c'est un républicanisme à la manière de l'ancienne Rome et que ces valets sont des « clients » enchaînés par la paresse ou la misère à la vanité de leurs patrons. C'est un luxe à Majorque d'avoir quinze domestiques pour un état de maison qui en comporterait deux tout au plus. Et quand on voit de vastes terrains en friches, l'industrie perdue et toute idée de progrès proscrite par l'ineptie et la nonchalance, on ne sait lequel mépriser le plus, du maître qui encourage et perpétue ainsi l'abaissement moral de ses semblables ou de l'esclave qui préfère une oisiveté dégradante au travail qui lui ferait recouvrer une indépendance conforme à la dignité humaine.
>
> George Sand

Il s'agit d'un des lignages les plus hauts de la province. Mari et femme sont cousins germains. Encore que ces choses soient à demi oubliées, il faut savoir qu'ils comptent des alliances européennes dont le nom figure dans le Gotha. Le baron ne quitte plus sa cellule depuis des années ; le prestige, cela est bien connu, s'accroît avec l'éloignement, mais trop d'éloignement peut diminuer le prestige.

Le palais est resté tel qu'il était un siècle auparavant, lorsque George Sand en fit la visite. Il a toujours sa cour, une de ces « cours pavées en dalles et parfois entourées de colonnes » qui lui rappelaient les *cortile* des palais vénitiens, avec un puits « d'un goût très pur » au centre. Peut-être était-ce, disait George Sand, « un souvenir de l'atrium des Romains ; le puits du milieu y tient évidemment la place de l'impluvium ». Une fois l'élégant escalier gravi, on accède à ces « vastes salles, ordinairement dans la forme d'un carré long, très élevées, très froides, très sombres, toutes nues, blanchies à la chaux et sans aucun ornement, avec de grands vieux portraits de famille tout noirs et placés sur une seule ligne, si haut qu'on n'y distingue rien ; de larges portes en bois de chêne noir ainsi que le plafond à solives et parfois une antique portière de drap d'or portant l'écusson de la famille richement brodé ». La suite du passage serait encore d'actualité un siècle après : « On trouve le maître de la maison debout et fumant dans un profond silence, la maîtresse assise sur une grande chaise et jouant de l'éventail sans penser à rien. On ne voit jamais les enfants ; ils vivent avec les domestiques, à la cuisine ou au grenier, je ne sais ; les parents ne s'en occupent pas. Un chapelain va et vient dans la maison sans rien faire. Les vingt ou trente valets font la sieste pendant qu'une vieille servante hérissée ouvre la porte au quinzième coup de sonnette du visiteur. »

On décevrait le lecteur si l'on ne rapportait pas aussi le paragraphe qui clôt cette description : « Cette vie ne manque certainement pas de *caractère*, comme nous dirions dans l'acception limitée que nous donnons aujourd'hui à ce mot ; mais si l'on condamnait à vivre ainsi le plus calme de nos bourgeois, il y deviendrait certainement fou de désespoir ou démagogue par réaction d'esprit. »

La baronne Felipa ne vit pas, loin s'en faut, aussi

recluse que son mari. Elle n'est pas prodigue d'elle-même, mais on l'aperçoit souvent à l'église et parfois même au théâtre. A la voir si svelte, si peu en chair, certains la trouvent élégante et d'autres phtisique. Le docteur Monteleón l'a toujours considérée comme une personne anti-vitale: « Chlorose, manque de globules rouges, voilà son secret. » Elle n'est pas non plus une femme cultivée. Elle se fait passer pour un amateur de musique et elle ignore Beethoven. « Qu'est-on en train de jouer ? » m'avait-elle demandé une fois lors d'un concert ; et c'était la *Cinquième symphonie.*

« Vous devez bien comprendre que je n'accepte pas les truquages, dit volontiers le docteur Monteleón. Ma femme, Maria, en a après moi car elle est trop bonne ; moi, franchement, je ne supporte pas certaines attitudes. Les silences de Felipa ne m'en imposent point. Tout en elle est de la pose, et uniquement de la pose. Elle se tait car elle n'a rien à dire. Je l'aime bien parce qu'elle est la cousine de ma femme, mais... »

Tel est l'avis de Monteleón, qui nonobstant a recours à elle lorsqu'il veut éblouir une célébrité étrangère à qui il la présente comme étant sa cousine. Le cousinage n'existe pas, à vrai dire. On se souviendra que la famille de Felipa était opposée au mariage du frère aîné de Maria Clavier avec une Estrada. Le général Clavier, ami intime de Weyler, venait du libéralisme et passait pour franc-maçon. Cette intransigeance fut le dernier sursaut de l'aristocratique famille pour se défendre. A compter de ce moment son énergie faiblit : les parents de Felipa perdirent leurs biens et le baron, qui était riche, épousa sa cousine ruinée. Peu de temps après, comme cela a déjà été rapporté, il sombra dans la misanthropie tandis qu'elle, sans qu'on pût en connaître la cause, refusait pour un temps de porter le titre de baronne.

Pour Mme Maria, Felipa était une personne heureuse : « Je doute que dans toute l'Espagne, et elle en a, des kilomètres carrés, il existe un cas semblable. Mon mari dit qu'elle est déséquilibrée, qu'elle est anémique ; rien ne la fait grossir. Je voudrais bien lui ressembler, moi qui adore les pâtisseries ! Tout lui a réussi. Elle se marie parce que ses parents se ruinent et voilà qu'elle s'offre une vie de château : loge au théâtre, voyages à Paris et à Venise, caprices... Elle est à bouche que veux-tu. Enfant, ses parents lui passaient déjà toutes ses fantaisies. Elle eut même un léopard dressé. Comment pouvaient-ils ne pas se ruiner ? Eh bien, la voilà pauvre. C'est alors que le cousin milliardaire se présente : un fou, mais milliardaire, qui jamais ne met les pieds dehors. Il ne bouge point de sa chambre. Comme il ne veut pas de tracasseries, il lui donne les pleins pouvoirs afin que ce soit elle qui gère la fortune. La voilà devenue la seule maîtresse de tout. Je lui dis toujours : quand tu mourras, il faudra bien que tu ailles en enfer, car le ciel, tu l'as ici, dans cette vie. »

Ce que Mme Monteleón ignorait de la vie de la baronne d'Estrada qui ne voulait pas être appelée baronne, est infiniment plus complexe que l'on ne pourrait le soupçonner. Felipa d'Estrada et d'Estrada – deux fois Estrada – avait peuplé sa solitude de fantômes et de délires. Depuis des années elle rêvait d'un homme enfermé dans une cage à qui elle jetait la nourriture à travers les barreaux. Cet homme présentait une certaine ressemblance avec son mari et son sort la faisait pleurer.

Les premiers temps du mariage, elle se mit à voyager accompagnée de sa nourrice et d'un chauffeur d'âge moyen, tandis que son mari misanthrope ne sortait pas de son palais de Palma. A Paris, les ponts sur la Seine, de nuit, sont ténébreux. A Marseille et à Barcelone il existe des quartiers près du port aux effluves piquants et saumâtres, propices aux crimes et aux aventures. Felipa les avait traversés en auto et les avait contemplés de derrière la vitre de la portière. Elle cherchait des yeux les seuils mystérieux que ses pieds ne fouleraient jamais et qui lui faisaient deviner Dieu sait quelles aberrations, rêver d'on ne sait quelles folies.

Le baron, durant le peu de temps où il avait vécu avec elle, s'était comporté en homme aux sentiments nobles et délicats. Felipa reporta au début tous ses délires sur l'époux inabordable qui faisait chambre à part. Elle désirait avoir des enfants et les créa dans son imagination, beaux et en grand nombre. Mais ils grandissaient vite, et elle les effaçait alors de sa mémoire. Cette famille fut remplacée par un héros de trente ans, paré de toutes les perfections morales et physiques. Elle se levait tard, passant des heures éveillée dans son lit, livrée à ses imaginations, dans les bras du héros qui tantôt la sauvait d'un incendie, tantôt des eaux déchaînées d'une inondation. Elle fermait les yeux et ne parvenait pas à distinguer si les bras qui l'étreignaient étaient ceux d'un fils ou ceux d'un mari.

Peut-être était-elle amoureuse de ce mari qui faisait chambre à part. Toutes les théories, toutes les écoles, étaient de mise dans le cas de Felipa. Parfois il arrivait une chose terrible : c'était au fils du miracle, au fils qui n'existait pas — le héros — à qui elle infligeait l'humiliation, la misère morale de le traiter comme une bête. Les remords la tourmentaient et elle pleurait longuement. Dans le même temps, à l'autre bout de l'immense maison, de l'autre côté de cette salle infinie, à la double rangée de sombres portraits, le baron, enfermé dans sa chambre, comptait ses pulsations et méditait pour savoir quel médicament prendre contre la maladie qu'il n'avait pas.

C'est ainsi que la vie s'écoulait dans la maison des Estrades. N'importe quel bourgeois tranquille y aurait trouvé matière suffisante à devenir fou de désespoir ou à tomber, par réaction, dans les pires excès de la démagogie. En attendant, les gens faisaient, en général, une synthèse hâtive de ces deux vies qu'ils ne comprenaient pas et qui ne les intéressaient guère : ils les qualifiaient d'extravagantes. Avec ce mot qui n'explique rien, les gens veulent tout expliquer. Monteleón, voyant la facilité avec laquelle Felipa avait accepté l'invitation qu'en toute logique elle aurait dû refuser, avait marmonné : « Toujours aussi lunatique, on ne sait jamais à quoi s'en tenir avec elle. » Et ensuite, oubliant qu'il avait donné pour sûr qu'elle n'accepterait pas, il affirma avec aplomb : « Elle mourait d'envie de venir, Maria, je te le disais bien. »

VII

Le récital de Silvia

Pleure donc qui voudra sur les ruines ! Presque tous ces monuments dont nous déplorons la chute sont des cachots où a langui, durant des siècles, soit l'âme soit le corps de l'humanité. Et viennent donc les poètes qui, au lieu de déplorer la fuite des jours de l'enfance et du monde, célèbrent dans leurs vers l'âge viril qui a su s'en affranchir.

George Sand

Jouons au petit pont !
Te plairait-il, toi,
D'être un pont de pierre sur la rivière ?
Il me plairait, moi
D'être sous l'eau bleue sombre son ombre.
Formons tous les deux
Un seul cercle de force et de grâce.
Jouons au petit pont !
Veux-tu jouer, toi ?

En déclamant le dernier vers, Silvia Ocampo a effleuré de son éventail fort élégant l'épaule d'Antoni en le regardant d'un œil rieur. Il a répondu un « oui » de circonstance à cette question qui semblait purement rhétorique. Felipa n'a pas pu s'empêcher de souffler à l'oreille de Lola : « Je t'assure que "ça", ce n'est pas une vraie dame et "ça" ne l'a jamais été. »

Nous nous trouvions dans la salle à manger cubiste des Monteleón. Les chaises métalliques couvertes d'émail bleu marine contrastaient avec les murs « couleur soleil couchant ». Cactus, éclairages diffus, peintures abstraites ; tout rappelait qu'on était en 1935. Les Monteleón habitaient une grande maison ancienne près de la cathédrale, mais les idées avancées du docteur, lequel était, comme l'on sait déjà, spenglérien et pangermaniste, la défiguraient tous les jours un peu plus. Le décorateur — un Allemand qui se faisait passer pour aryen et qui à la fin s'avéra être Juif — leur avait imposé une grande table en verre et interdit l'usage des nappes, malgré Mme Maria, qui au début trouvait inadmissible qu'on n'en mît point pour manger. « Cet homme, disait-elle, nous a déjà collé une vaisselle transparente et si à présent nous la posons sur la table en verre, ce sera comme du spiritisme. »

A la demande de la poétesse, Marisol et Alfons avaient assisté au repas. La fillette se trouvait pour la première fois de sa vie à un dîner de gala. Face à elle, Silvia Ocampo, debout et enveloppée de tulle noir, récitait les poèmes qui l'avaient rendue célèbre, tout comme La Fayette, dans deux continents. Elle avait une voix de créole fort agréable, guère haute mais riche en nuances et en modulations. Chaque fois que ses yeux rencontraient ceux de Marisol, l'adolescente ressentait une émotion très suave. Lorsque la poétesse toucha de son éventail en plumes l'épaule d'Antoni, celui-ci s'en trouva démesurément grandi à ses yeux.

Hellen écoutait le récital en silence. Pour elle, inconsciemment ou non, la Ocampo n'était peut-être qu'une Sud-américaine avec son inévitable abus d'adjectifs, de diminutifs et d'élégantes surcharges. Mais, se considérant comme une intellectuelle, elle s'évertuait à découvrir le *charme* et à comprendre tout ce que renferme d'incompréhensible l'Amérique du Sud. Méridional, et en conséquence de moins bonne foi qu'elle, son mari Miquel Milà commençait à perdre patience en voyant que la rapsode semblait décidée à garder toute la nuit son rôle de *supervedette*.

Une fois le dîner achevé, ils passèrent dans un petit salon contigu pour y prendre le café et les liqueurs. La Ocampo racontait ses impressions de New York. Qu'est-ce que cela pouvait faire, qu'elle confondît les quartiers et assurât que Manhattan Transfer était un théâtre ? L'important, pensait Hellen – qui se gardait bien de rectifier aucun des contresens que débitait l'autre –, c'était la merveilleuse alacrité avec laquelle ses pieds foulaient ces deux mondes. Elle avait tout vu, elle savait tout.

A présent, elle faisait la description d'un four crématoire tout en sirotant son café. L'incinération d'un cadavre, expliquait-elle, ne dure que quatre minutes et aussitôt après les cendres sont remises à la famille dans une petite boîte de porcelaine.

« Alors, il n'y a ni cérémonie ni convoi ?

– Rien du tout. Quelqu'un meurt à onze heures du matin et à trois heures de l'après-midi il se trouve déjà sur le piano. Mais versez-moi donc encore de la chartreuse, docteur. »

Le docteur objecta avec un sourire qu'elle en était à son troisième verre et qu'il ne lui conseillait pas, en sa qualité de médecin, d'abuser de l'alcool. Mais elle affirma qu'elle s'en remettait à son *chevalier servant*.

« Si je me saoulais, vous me reconduiriez à mon hôtel, n'est-ce pas, Antoni ?

– Avez-vous confiance en moi, madame Ocampo ?

– Je ne dois pas ?

– Non. »

Il l'avait dit tout crûment et la poétesse en frissonna, flattée.

« Que feriez-vous de moi ? demanda-t-elle avec sa

magnifique voix de collégienne timide qui avait été applaudie dans tant d'ambassades.

— Du hachis pour des saucisses.

— C'est tout ? Eh bien allez-y, je suis stoïcienne. »

Le sujet était épuisé. Il fallait en changer. En regardant la petite cuillère qu'elle tenait dans sa main, elle dit en avoir volé une toute semblable dans un hôtel de Londres :

« Il est si facile d'emporter une petite cuillère dans son sac... »

Voyant que Mme Maria la regardait avec surprise, elle décida de la surprendre encore davantage :

« Celle-ci je la laisse ; sachez que je ne l'emporte pas.

— Pour l'amour du ciel, Silvia », s'écria Mme Maria.

Elle voyait bien qu'il s'agissait d'une plaisanterie, mais on lui avait déjà dérobé tant de petites cuillères. Les personnes de talent, pensa-t-elle, sont si étranges. Pour abonder dans son sens, Miquel Milà commença une dissertation sur les extravagances de Picasso et du Douanier Rousseau, sans aucun succès. Silvia Ocampo était toujours et resterait maîtresse de la situation. Pour lors, son troisième verre de chartreuse entre les doigts, elle s'amusait à penser si d'aventure les anges de l'âge d'Alfons — dix-sept ans — perdaient aussi leurs plumettes comme ceux de l'âge d'Antoni.

Afin de s'en assurer, elle demanda au garçonnet de lui attacher une de ses boucles d'oreilles qui s'était desserrée et le remercia de son service en lui offrant, après en avoir bu une gorgée, son petit verre avec la liqueur qui restait.

« Ne pervertissez pas la jeunesse, dit le docteur Monteleón.

— Si je pouvais...

— Vous aimez pervertir ?

— J'aime pouvoir. »

Le docteur ne renonçait pas à la galanterie.

« N'en doutez pas, Silvia, vous pouvez.

— Et vous, fit-elle, vous plairait-il d'être perverti ?

— Merci de m'inclure parmi la jeunesse. »

Et il se lança comme un Don Juan :

« Dites-moi où et quand. »

Silvia Ocampo connaissait les Don Juan par cœur et le regarda avec rancune ; du reste, elle avait l'habitude de mener le jeu.

« Non, je préfère les gamins. Ils sont plus inoffensifs. »

En réalité elle pensait qu'ils étaient plus neufs.

« Dites-moi, Alfons », poursuivit-elle en s'adressant au fils de nouveau et en tournant le dos au père, « mais auparavant promettez-moi d'être franc : il s'agit d'une expérience psychologique, d'un test. Si votre réponse me déplaît, j'en prendrai mon parti, mais j'ai besoin de savoir comment vous me voyez.

— Comment je vous vois ?

— Exactement. Quelle est l'impression que je vous fais ? Ou alors, est-ce que je ne vous fais pas d'impression ? »

Ses yeux de créole étaient gris, très beaux — un océan en petit. Sa bouche souriait de façon interrogative. Son décolleté, qu'on remarquait à présent, lorsqu'elle se penchait pour questionner, paraissait osé.

Le garçon la regarda et baissa les yeux, tant il lui était difficile de supporter ceux de cette dame si attirante. Cet océan lui faisait tourner la tête.

« Cela veut-il dire que je vous plais ? conclut-elle. Dans ce cas, faites-moi une déclaration d'amour. Et prenez garde à mon *chevalier servant*, Antoni, qui est jaloux comme un Maure. Je n'aime pas voir couler le sang. »

Antoni commençait à se sentir mal à l'aise. Il était déjà un homme tandis que son cousin n'était qu'un enfant, mais en fin de compte il n'y avait entre eux qu'un écart de trois ans à peine.

« Silvia, si on parlait d'autre chose ? proposa-t-il.

— Voilà le Maure qui pointe, s'écria-t-elle. De quoi vous mêlez-vous ? Il s'agit, comme je l'ai dit, d'un test psychologique et je voudrais le mener jusqu'au bout. Soumettons-le au vote, ajouta-t-elle : Alfons doit-il me faire une déclaration, oui ou non ? »

Tous, excepté Felipa qui gardait ses distances et ne disait rien, votèrent pour. Après, ils auraient tout le temps pour casser du sucre sur le dos de la poétesse, mais pour le moment ils s'amusaient comme des fous. Elle commença son test comme un professeur d'université.

VIII

Jeux

> Il y a une phrase consacrée à Majorque pour se dispenser de rien prêter ; elle consiste à tout offrir : *la maison et tout ce qu'elle contient est à votre disposition.* Vous ne pouvez pas regarder un tableau, toucher une étoffe, soulever une chaise, sans qu'on vous dise avec une grâce parfaite : *es a la disposiciùn de usté.* Mais gardez-vous bien d'accepter fût-ce une épingle, car ce serait une indiscrétion grossière.
>
> George Sand

« Commençons par le commencement : je suis une fillette de quinze ans qui vous plaît beaucoup. Imaginez que nous sommes en été, à la tombée de la nuit. Que feriez-vous ? »

La voix de l'Eminente, riche en modulations, comme on vient de le dire, trahissait un timide émoi. Le jouvenceau, visiblement confus, hésita :

« Eh bien... je vous emmènerais sur une plage déserte.

— Et encore... »

Alfons voulut masquer sa gêne avec de l'humour.

« Je ferais jouer un orchestre au loin, pour avoir un fond musical.

— Bien, et ensuite ? »

Ses questions étaient posées au début sur un ton presque maternel, mais tout d'un coup, un nouveau ton, à la fois naïf et dévergondé, leur faisait prendre un tour plus inquiétant. La comtesse de Noailles avait dit qu'en elle se livraient combat la bacchante et la nonne. Chez Mme Ocampo, c'étaient la dame et la sirène qui luttaient. On ne savait jamais comment l'approcher. Des hommes expérimentés avaient été décontenancés. Il est donc aisé d'imaginer dans quel état devait être Alfons. Sa chevelure d'ange lui couvrait le front et bien qu'il fût blond aux yeux bleus, il en voyait de toutes les couleurs pour trouver une réponse :

« Je vous prendrais une main, dit-il.

— Oui ? Faites-le donc. Et puis ? »

L'interrogatoire devenait de plus en plus serré, plus rigoureux, plus implacable.

« Mais parlez donc, quoi encore ? Imaginez que cela me semble un peu froid... »

Il se fit un silence. Les dames commençaient à ne plus savoir quoi dire. Le garçon, désespéré — héros malgré lui — se défendait avec courage.

« Je vous passerais mon bras autour de la taille. »

« Mais comment mon enfant sait-il toutes ces choses ? » se demanda effarée Mme Maria.

« Alors faites-le », acquiesça la Ocampo d'une voix des plus naturelles ; mais aussitôt après, dans un murmure de collégienne innocente et perverse, elle exigea encore, supplia : et si cela ne me suffisait pas, si cela me paraissait toujours trop froid ?

« Pour qui nous a-t-elle pris, celle-là » dit Felipa à voix basse. « C'en est trop », fit Lola. « En effet, appuya Mme Maria, ma maison est une maison honnête. »

Ni la poétesse ni Alfons ne pouvaient entendre ces commentaires, proférés à voix basse. Le jouvenceau poursuivait sa lutte héroïque :

« Alors, je vous embrasserais.

— Voyons, comment ? »

Et se couvrant le front d'une main, elle s'approcha de la bouche de son adorateur. C'est ainsi que faisaient encore en ce temps-là les jeunes premières de la grande comédie.

Le baiser tomba chastement sur la main. La poétesse quitta son rôle de sirène pour reprendre celui de dame.

« Parfait. Je m'avoue séduite. »

A la bonne heure. Mme Maria la regardait avec irritation et s'empressa de dire pour clore l'incident :

« Très bien, Silvia, très bien. Que tout soit pour le mieux. »

Hellen considéra que le test avait obligé le garçon à tenir un rôle difficile.

« Et comment ! » rétorqua Antoni d'une voix plus haute que ne l'exigeaient les convenances. Peut-être avait-il bu un verre de trop. Lola le pinça discrètement pour lui indiquer de se taire. Il se borna à lui effleurer le visage, en souriant, avec deux doigts. L'alcool commençait à produire des effets et il réagissait, comme toujours, de manière euphorique. Il était sympathique au sens le plus large et le plus trivial du terme. Lola elle-même, bien que froissée, fut sensible à ce geste moqueur et câlin, et pressentit vaguement ce qui pourrait se passer entre son frère et une femme comme Silvia. Au même moment, celle-ci, convaincue d'avoir mené les choses trop loin, s'appliquait à enjôler la maîtresse de maison :

« Une fois, à Biarritz, en jouant avec le prince des Asturies, il lui arriva de devoir payer un gage. Je l'obligeai à me faire une déclaration d'amour ; il ne s'en tira pas aussi bien que votre enfant. »

Mme Maria se sentit complètement désarmée et sourit d'aise. Elle avait un faible, comme tous les êtres simples, pour les membres de la famille royale, et plus encore, comme tous les êtres bons, depuis qu'ils étaient détrônés et contraints de vivre en exil. Silvia Ocampo, cette dame qui avait fréquenté la maison royale, redevint sympathique à ses yeux.

« Et le roi, l'avez-vous rencontré ? »

Bien entendu. Silvia Ocampo raconta deux ou trois anecdotes insipides, voire stupides, qui n'intéressèrent qu'en raison de leur provenance. Le roi détrôné lui aurait dit, selon elle : « Tu es la reine de la poésie, Silvia, et personne ne te chassera de ton trône. » Quant à Mme Maria, ce qui l'intéressait, c'était d'avoir plus de détails sur cette déclaration d'amour du prince des Asturies :

« Et la reine, trouva-t-elle bien cette déclaration ? »

Silvia avait pris une expression contrite.

« Ah, madame, vous savez bien que Mme Victoria est Anglaise, c'est-à-dire froide comme un iceberg. Une puritaine qui n'a pas le sens du monde, ni de l'humour. Elle n'est pas comme vous, qui avez su comprendre qu'il s'agissait d'une plaisanterie ; une plaisanterie bien inoffensive, du reste, car, ajouta-t-elle, je pourrais être la mère de votre enfant. »

La protestation galante qu'elle attendait de la part de l'auditoire ne se produisit point, et alors l'Eminente, pour la provoquer, se vit dans l'obligation d'exagérer :

« Que dis-je ? Je pourrais être sa grand-mère ! »

A présent si, une protestation unanime s'éleva parmi l'assistance, dans laquelle, fait étrange, dames et messieurs s'accordaient. Mme Maria souriait du sourire le plus mondain qu'elle eût appris et l'Eminente profita d'un moment aussi propice pour lui présenter une demande, une demande qu'elle avait en tête depuis des jours et qui pourrait paraître absurde au lecteur ne connaissant pas *Un hiver à Majorque* :

« A propos, madame Monteleón, sans vouloir abuser de votre grande gentillesse, pourriez-vous me prêter, très provisoirement, quelques-uns de vos meubles si je me décidais à prendre un appartement ? Le Grand Hôtel est si peu accueillant... Peu de choses, une table, deux fauteuils, un canapé, une demi-douzaine de chaises ; si j'ose vous en faire la demande, c'est parce que vous êtes si compréhensive et m'avez dit tant de fois que je pouvais disposer de tout... »

« Dans une contrée aussi voisine des grandes civilisations de l'Europe, nous ne nous attendions guère à ne pas trouver une seule auberge. Cette absence de pied-à-terre pour les voyageurs eût dû nous apprendre, en un seul fait, ce qu'était Majorque par rapport au reste du monde et nous engager à retourner sur-le-champ à Barcelone... » En 1838, George Sand n'avait trouvé encore aucun hôtel à Majorque ; en 1935, Silvia Ocampo en avait trouvé beaucoup, mais tous, selon elle, inhospitaliers. Mme Maria se répandit en effusions sans se douter qu'elle répétait les mêmes phrases qu'un siècle auparavant George Sand avait entendues de la bouche des Majorquins :

« Notre maison, et tout ce qu'elle contient, est à vous, Mme Ocampo. Tout ce que vous voudrez, tout est à votre disposition. Prenez les meubles qu'il vous plaira, c'est la moindre des choses. »

Ces offres étaient peut-être trop excessives pour paraître sincères, et alors elle changea de ton. S'adressant aux présents, elle s'écria en castillan :

« Quelle femme et quel talent ! Le poème du " Pont " a été colossal. »

Silvia Ocampo hésitait ; Mme Maria était si bonne qu'elle avait du remords à se moquer d'elle. Mais son désir inné d'épater le bourgeois fut plus fort qu'elle :

« " Le pont " ? C'est le poème le pire de tous ceux que j'ai écrits. »

Mme Maria la regarda consternée et se tira du mauvais pas comme elle put :

« Le pire ? Vous n'avez pas de poèmes pires. Tous sont meilleurs. »

En aparté, Miquel Milà demandait au docteur quelle impression lui avait causée notre écrivain. Le docteur, qui était de Malaga et se tenait pour un Don Juan, commençait à caresser quelques espoirs secrets sur cette créole si provocante. C'est pourquoi il répondit :

« Une impression magnifique. Légère, mais très douée pour la poésie. Un grand talent. Elle est extrêmement douée. »

Il parlait de ses dons poétiques, mais il pensait à ce qu'il avait deviné dans l'entrebâillement du décolleté. Miquel Milà, qui se sentait complexé par son manque de succès auprès des dames et n'attendait rien de la Ocampo, maugréa entre ses dents :

« Ne vous semble-t-il pas que c'est une femme extravagante et qui pose sans arrêt ? »

Antoni se mêla à la conversation des deux hommes mûrs. Il vivait pleinement le moment présent, qui était beau, et son état euphorique l'inclinait à donner raison à chacun. Il était d'accord avec Milà pour reconnaître que la poétesse posait, mais il l'était aussi avec son oncle à propos de sa « légèreté et son grand talent » :

« Extravagante, oui, mais délicieuse », résuma-t-il en mettant d'accord les deux parties ; et sans trop savoir ce qu'il disait, il ajouta : « Pour passer un moment elle serait parfaite !

— Un moment ? l'interrompit son oncle en fronçant les sourcils. Tâche de ne pas oublier que tu es ici chez moi et que je suis ton tuteur. »

Comme si elle avait entendu ces commentaires, l'Eminente, qui se trouvait à l'autre extrémité du salon, s'écria :

« Antoni, venez ; ne m'abandonnez pas. »

Elle lui fit une place sur le canapé. Felipa, qui ne disait rien mais qui regardait tout, avoua à sa cousine Lola qu'elle était en train de passer une soirée désagréable.

« Si ma voiture était arrivée, je serais déjà partie.

— Fais-toi raccompagner par mon frère.

— Non, merci, j'attendrai. »

Silvia l'examina avec curiosité : « A cent pour cent distinguée, décréta-t-elle, c'est-à-dire antipathique. Elle ne peut pas me souffrir. Elle ne s'habille pas bien parce qu'elle se soucie trop de la distinction. » Elle décida de l'interroger :

« Pensiez-vous partir, baronne ?

— Ma voiture n'est pas encore arrivée.

— Une dame ne peut-elle pas sortir à pied dans la rue, à Palma ?

— A cette heure-ci, cela ne se fait pas. »

Silvia proclama que pour sortir seule dans la rue elle ne se souciait jamais de l'heure. La baronne la regarda fixement et articula deux syllabes :

« Je vois. »

L'autre, piquée par la banderille, aurait bien répliqué avec vivacité, mais elle montra son sourire le plus ingénu et prit sa voix la plus semblable à celle des petites filles modèles :

« En Espagne, dit-elle, les femmes se prennent pour quelque chose de sacré. Le théâtre classique castillan fourmille de dames ne vivant que pour l'honneur ; elles vivent tellement pour leur honneur que leur honneur trépasse avant le troisième acte. »

Elle se rendait compte que, même si ce qu'elle venait de dire pouvait paraître spirituel, davantage sans doute que les deux syllabes prononcées par la baronne, ce n'était pas, en revanche, aussi raffiné. C'est pourquoi elle essayait de moduler musicalement sa voix comme une lady, pour faire oublier ce qu'il y avait de trop direct et de grossier dans ses propos, mais de la sorte cela n'en devenait que plus impertinent encore. Antoni contribua à tout gâcher par un éclat de rire trop sonore et le docteur évoqua Freud pour affirmer que lorsqu'on promulgue une loi, c'est par désir de l'enfreindre.

« Vous prêchez l'immoralité, fit remarquer Miquel Milà avec un petit sourire de lapin.

— Oh, la morale, lâcha Silvia. L'hérésie d'aujourd'hui est la morale de demain. »

Et elle secoua la tête pour chasser ses cheveux qui lui tombaient devant les yeux. Felipa pensa une fois encore que « ça », ce n'était pas une dame.

« A ce que je vois, dit-elle à l'oreille de Lola, pour avoir du talent il suffit de se comporter comme une starlette. »

Elle ne le dit pas assez bas pour que la poétesse ne l'entendît point :

« Baronne, s'écria l'Eminente, permettez-moi d'en disconvenir. Si une femme est idiote et se conduit comme une starlette, ce ne sera jamais qu'une starlette idiote. »

Le docteur approuva le jeu de mots et même Hellen, toujours si objective, donna raison à l'écrivain.

« Comme vous voudrez, dit Felipa avec sa froideur coutumière, mais si un de ces jours il me prenait l'envie d'avoir du talent... »

Elle se tut. Silvia l'observait :

« Parlez, madame. Finissez de nous expliquer. Vous alliez dire : je divorcerais et me ferais teindre les cheveux. C'est cela ?

— Que puis-je vous répondre, puisque c'est vous qui dites tout ? »

Ce fut la réplique ambiguë de cette baronne belle, froide et distante.

« Croyez que ce serait dommage, ajouta Silvia de sa voix la plus caressante, parce que vos cheveux sont de toute beauté. »

La poitrine de l'Eminente se gonflait d'une vague de ressentiment qui luttait pour se projeter au-dehors comme le noir pétrole jaillit de son puits. Felipa se borna à prendre une mine résignée.

Hellen était consternée devant la tournure prise par la conversation entre l'aristocrate et la femme de talent, mais elle ne parvenait pas à la détourner. Son imagination n'était pas d'une richesse infinie et de plus elle devait se battre contre les difficultés d'une langue qu'elle connaissait mal. Par bonheur, il lui vint tout d'un coup quelque chose à l'esprit :

« Mais où est donc Mlle Rimbaud ? »

Tout le monde se regarda. On l'avait complètement oubliée.

IX

Une surprise de Mme Maria

> Palma possède une école de dessin, ajoute M. Laurens, qui a déjà formé, dans notre XIXe siècle seulement, trente-six peintres, huit sculpteurs, onze architectes et six graveurs, tous célèbres s'il faut en croire le dictionnaire des artistes célèbres de Majorque que vient de publier le savant Antonio Furio. J'avoue ingénument que pendant mon séjour à Palma je ne me suis pas cru entouré de tant de grands hommes et que je n'ai rien vu qui me fît deviner leur existence.
>
> George Sand

Cela faisait des heures qu'Irène Rimbaud était arrivée chez les Monteleón, mais elle s'était mise au lit en disant qu'elle avait besoin de se recueillir et de se reposer, et surtout de rester complètement seule. Mme Maria l'avait couchée et lui avait laissé un verre de jus d'orange près du chevet : « La pauvre, ces artistes... » Irène Rimbaud était une pianiste renommée et malheureuse ; non pas à cause des tragédies extérieures qu'elle expliquait si bien, mais plutôt parce qu'elle portait en elle-même la fatalité. Elle se sentait trop mal, disait-elle, pour assister au dîner donné en l'honneur de Silvia Ocampo. Quant à celle-ci, nullement séduite par l'éventuelle présence d'une autre étoile à une soirée qu'elle souhaitait voir consacrée exclusivement à son récital, elle ne s'était pas souciée de demander de ses nouvelles. Maintenant, sachant qu'elle se trouvait dans la maison, elle fut forcée de le faire.

« Voilà, lui expliqua Lola, il s'agit d'une surprise que notre tante voulait vous faire au dernier moment. Comme la Rimbaud était dans notre ville...

— Mais qui est la Rimbaud ? » demanda la Ocampo en froissant son nez pour souligner tout le mépris que sa question contenait.

Le docteur Monteleón s'empressa de lui répondre :

« La Rimbaud ? Ce que de nos jours il y a de meilleur au monde comme pianiste. A Paris, lorsque j'y étais, on ne parlait que de Miss Rimbaud.

— Est-elle anglaise ? demanda Hellen.

— Française ou peut-être suisse.

— Alors, miss ou mademoiselle ? interrogea Antoni.

— De toutes façons, elle n'est pas mariée, dit Silvia Ocampo avec un sourire. Je vais tout arranger, docteur », lui souffla-t-elle à l'oreille. Et elle poursuivit à voix haute, oubliant qu'auparavant elle avait affirmé ne pas la connaître du tout : « Mlle Rimbaud se maria fort jeune et à ce qu'il semble, ne fut pas heureuse. Elle dut divorcer. C'est alors que je la connus. Il paraît que le mari n'aimait pas les femmes. Depuis lors elle se fait appeler mademoiselle, pour des raisons qu'elle est la seule à connaître. (L'histoire vous plaît-elle ainsi, docteur ? consulta-t-elle à voix basse ; avouez que vous en savez aussi peu que moi.) »

Elle souriait : « Voulez-vous m'allumer la cigarette ? Merci. Moi, mon ami, j'estime tant la vérité que je l'économise autant que je peux. Je joue avec la fantaisie. Je suis poète. »

Personne ne s'était aperçu que depuis longtemps la maîtresse de maison n'était plus dans le salon. A un moment donné, une domestique était venue la prévenir qu'on la demandait au téléphone, et il y avait déjà un quart d'heure de cela, peut-être une demi-heure. Que pouvait-on bien lui dire au téléphone durant tout ce temps ? Distraits par la conversation générale et par les extravagances de l'Eminente, c'est à peine si les invités prirent garde au retour de Mme Maria, qui semblait exténuée : elle revenait du téléphone comme on sort d'un bain de vapeur.

« Je suis morte, dit-elle à Lola en prenant place à ses côtés. Si je m'attendais à ce coup ! »

C'était Mme Emilia, la mauvaise langue de Palma, qui lui avait téléphoné à cette heure avancée de la nuit pour lui raconter des horreurs, des horreurs et encore des horreurs.

« Des horreurs sur qui ?

— Sur la poétesse ! »

Tout cela, c'est Mme Maria et Lola qui se le disaient en aparté. Le fait est que les marquis de Collera ne recevaient plus la Ocampo, qu'on l'avait chassée du Grand Hôtel après un troisième chèque sans provisions et qu'on l'avait aperçue rôdant toute seule dans les rues les plus mal famées à toutes les heures de la nuit...

« Je suis une imbécile, Lola, dit-elle pour finir ; cela m'est trop souvent arrivé. »

Soudain elle se souvint de la pianiste qu'elle avait laissée au lit, seule et dans le noir. « A propos, Marisol, dit-elle en s'adressant à sa fille, va lui porter un verre de jus de tomate ; elle dit qu'elle ne tient pas debout. » Ensuite, à nouveau avec Lola, elle poursuivit la conversation interrompue :

« Eh oui, je suis une cruche. Lorsque j'étais petite, à Cuba, papa me passait tous mes caprices. C'était un grand général, mais maman lui disait toujours qu'on allait perdre les Antilles par sa faute. »

L'action du général-poète n'avait pas été heureuse. Il prétendait, ou plus exactement son secrétaire, la justifier grâce à quatre épais volumes intitulés *Ma feuille de service*. Il avait le sens du devoir, le respect des ordonnances et il était surtout méticuleux, mais les arbres l'empêchaient de voir la forêt et en un mot, il était impuissant face aux maquisards de la *manigua**. « Il faudrait tout raser », criait-il parfois lorsqu'il ne voyait aucune issue à la situation. « Ce que tu devrais faire, rétorquait la générale, c'est ne pas gâter autant ta fille et, en revanche, cajoler davantage les chefs de la révolte. Avec la moitié de ce que tu dépenses pour tes coups de canon en l'air, tu pourrais les acheter tous. » A présent, dans ces mémoires que rédigeait son secrétaire, il ne se montrait guère plus cohérent.

« Non, disait-il à l'écrivailleur : ce que vous avez mis là n'est pas vrai. Sagasta ne me refusa jamais les munitions. C'était un bon libéral, un pilier de la franc-maçonnerie. Il m'écrivit précisément de sa propre main quelques mots qui sont restés gravés dans mon cœur : « Cher frère et poète admiré : du calme et attendez. Jamais l'Espagne de Sagunto et de Zaragoza... » Il s'exprimait toujours ainsi. Il était très cultivé. Cherchez ce document, qui doit être par là.

— Mais, répondait le secrétaire, les munitions n'arrivaient pas. Vous l'avez affirmé dans le chapitre précédent. »

Le général-poète haussait les épaules : le chapitre précédent ? Il ne s'en souvenait plus.

D'un angle du salon, Silvia Ocampo adressait à Mme Maria d'affectueux sourires de complicité :

« Merci pour la surprise. Comment pouvais-je m'attendre à trouver ici Mlle Rimbaud ? Dites-moi, il n'est venu aucun journaliste ? Je n'en ai pas vu un seul.

— Non, madame, répondit-elle en s'efforçant de cacher l'irritation qu'elle ressentait à son endroit : ceci est un dîner intime.

* *Manigua* : végétation de maquis tropical à Cuba. (N. des T.)

— De toutes façons, reprit la poétesse, j'enverrai un papier à *La Noche*.

— Maman, s'écria Marisol en entrant dans la pièce, Mlle Rimbaud ne veut pas de jus de tomate, tu n'as pas dû bien la comprendre. Ce qu'elle veut, c'est une tomate nature ; elle dit que c'est ainsi qu'elle les mange. »

« Je parie que cette Rimbaud va être tout aussi bizarre, à la fin » pensa Mme Maria. Elle se sentait lasse et perplexe, sans savoir que faire dans un pareil cas. Elle ne pouvait pas chasser la Ocampo à « coups de balai », comme le lui aurait peut-être conseillé Mme Remei — qui était une femme d'une autre époque — mais elle se rappelait l'histoire de Huxley avec sa fausse sœur (certes, Huxley aussi était faux), le scandale de Claudia avec le docteur Wassmann à la cathédrale, l'affaire de Jacqueline et de son *foyer*, que seul un cercle restreint de personnes choisies devait fréquenter... Tant et tant d'histoires lui revenaient à la mémoire pendant qu'elle regardait la Ocampo avec une rancune mal dissimulée ! Il est vrai, tout de même, se dit-elle pour reprendre courage, qu'une fois j'ai eu à dîner la duchesse de White Castle, la véritable ; du moins, à ce jour, on n'a pas démenti son authenticité. « Chassons nos peines » s'exclama-t-elle dans son for intérieur ; et pour finir de se remonter le moral, elle se servit un petit verre de marasquin. La liqueur lui redonna courage de façon vertigineuse.

« Pourquoi êtes-vous partie si loin, Silvia, s'écria-t-elle, soudain résolue à faire contre mauvaise fortune bon cœur. Il faut que vous me disiez où vous vous êtes fait faire cette robe si élégante que vous portez. »

Milà s'approchait de l'Eminente et distillait du venin contre le docteur Monteleón :

« Vous l'avez bien mouché avec le coup de savoir si la Rimbaud était madame ou mademoiselle. Il n'avait jamais entendu prononcer son nom et il ne sait pas qui c'est.

— Et vous, Milà, vous la connaissez ?

— Bien entendu. Hellen et moi l'avons souvent entendue jouer au Metropolitan de New York. »

Silvia Ocampo avait des intuitions de sorcière ; ses pommettes saillantes et son regard, à la fois défiant et soumis, trahissaient un certain mélange indien. Convaincue que Milà mentait, elle risqua :

« Hellen vient de me dire qu'elle ne l'avait jamais vue.

— Hellen confond », bredouilla-t-il, montrant que c'était lui qui était en pleine confusion.

Alfons s'était approché de sa sœur :

« Est-il vrai que mademoiselle Rimbaud mange les tomates telles quelles ? Et tu dis qu'elle pleure avant de jouer ?

— Espèce d'idiot, tu voudrais qu'elle rie ? »

Ils se lancèrent à mi-voix dans une discussion. Tandis que les deux frères se disputaient, Irène Rimbaud, pâle et éteinte, paraissait discrètement sur le seuil. Elle portait une robe décolletée dans le dos jusqu'à la taille. Par devant, elle laissait deviner la naissance d'une poitrine modeste, comparée à celle de Silvia Ocampo, mais bien faite. Ses cheveux étaient blonds et ses pupilles dilatées. Il s'agissait d'une femme plutôt jolie mais surtout intéressante, du type Marlène Dietrich qui était alors à la mode. Mme Maria la fit asseoir sur un canapé et l'entoura de coussins :

« Vous vous sentez mieux ? »

La concertiste eut un geste indécis. Tous les yeux étaient fixés sur elle, qui fermait à demi les siens, comme si la lumière l'eût gênée. Marisol s'en rendit compte et alla éteindre le grand lustre.

« Silence et ténèbres, dit tout bas la Ocampo à Antoni. Puisqu'on nous a laissés dans le noir, disposez, s'il vous plaît, ce paravent de façon à ce qu'il nous cache tous les deux et nous permette de dormir ensemble et tranquilles.

— Nous dormirons ensemble ?

— Chacun dans son fauteuil. Jusqu'à ce que Mme ou Mlle Rimbaud soit décidée à donner signe de vie. »

En attendant, la dame ou demoiselle semblait engourdie. Marisol la contemplait comme Eve, au paradis, dut contempler le monde qui venait d'être créé. Comment était-elle ? Qu'allait-il se passer maintenant ? Son père, qui était si savant, aimait à dire que le génie était une maladie ; il allait même jusqu'à le comparer aux perles, qui sont une tumeur des huîtres.

Mais si Mlle Rimbaud, avec sa beauté chlorotique, semblait corroborer cette théorie, la Ocampo, en revanche, qui était géniale aussi, respirait la santé. Il y avait sans doute diverses sortes de génies. Chopin est mort de phtisie à Valldemossa (c'était du moins ce que Marisol avait compris) mais Léonard de Vinci était parvenu jusqu'à un âge très avancé, robuste comme un dieu. Antoni s'était moqué d'elle un jour en lui posant la question suivante, tellement originale qu'elle semblait tirée de la *Revista de Occidente* : « Crois-tu que l'homme, qui a créé la machine, sera finalement détruit par elle ? » Le père de Marisol disait très souvent des phrases de ce genre. La petite s'en rappelait une précisément, et qu'il fallait dire en castillan : « La véritable vertu consiste à se maintenir sans tache dans la boue. »

Le jour où le docteur Monteleón avait enfanté de cette sentence tellement sublime, il y avait par hasard à la maison une dame en visite, qui en fit ce commentaire en souriant : « Ceci, docteur, est un peu fort. » Alors le docteur en lâcha une autre que la petite n'avait pas réussi à comprendre : « Quand déshonore-t-on une femme ? Lorsqu'on l'honore, madame, en rendant le plus grand hommage à sa beauté. » La dame avait ri, mais soudain était devenue sérieuse et s'était mise à parler du temps, qui, disait-elle, s'était bien rafraîchi et sentait l'orage. Le lendemain, au collège, Marisol fut inexplicablement punie pour avoir répété la phrase.

X

Silvia et Mlle Rimbaud

> Ayant parcouru Palma pour y chercher des appartements, je suis entré dans un assez grand nombre de maisons ; tout s'y ressemblait si exactement que je pouvais conclure de là à un caractère général chez leurs occupants.
>
> George Sand

Nous avons déjà dit qu'un décorateur aryen, qui par la suite se trouva être Juif, avait transformé la salle à manger de la maison des Monteleón afin de lui donner un aspect cubiste, car telle était alors la mode. Le gâchis avait été limité à la salle à manger ; le reste de la demeure, qui était vaste et ancienne, avait par bonheur conservé son caractère si ressemblant à celui qu'un siècle auparavant George Sand avait découvert lorsqu'elle furetait dans les maisons de Majorque. Ces maisons l'accablaient à cause de leur uniformité et du bon ordre qui y régnait : « Je n'ai pénétré dans aucun de ces intérieurs, écrivait la baronne Dudevant, sans avoir le cœur serré de déplaisir et d'ennui. » Tout ce qui, par la suite, allait devenir sujet d'admiration pour tant d'autres visiteurs, les grands murs blancs, les meubles anciens religieusement conservés, l'ordre et le silence de ces maisons immenses, tout cela l'oppressait : « Le péristyle ou *atrium* des palais des chevaliers (c'est ainsi que s'intitulent encore les patriciens de Majorque) ont un grand caractère d'hospitalité et de bien-être, reconnaissait-elle ; mais dès que vous avez franchi l'élégant escalier et pénétré dans l'intérieur des chambres, vous croyez entrer dans un lieu disposé uniquement pour la sieste. »

Elle aimait le désordre, la bohème, l'entassement de meubles superflus et de bibelots inattendus. Silvia Ocampo partageait les goûts de son illustre prédécesseur : « La symétrie et l'ordre rigoureux me navrent de tristesse », auraient-elles pu écrire l'une aussi bien que l'autre. « Et si mon imagination pouvait se représenter la damnation éternelle, mon enfer serait certainement de vivre à jamais dans certaines maisons de province où règne l'ordre le plus parfait, où rien ne change jamais de place, où l'on ne voit rien traîner, où rien ne s'use ni se brise. »

Le grand salon des Monteleón, quoique ancien, était accueillant. Déjà très spacieux, les miroirs placés sur les nombreuses consoles le faisaient apparaître encore plus vaste à la vue. Les meubles étaient de style Louis XV, comme dans tant d'autres salons majorquins du quartier de la cathédrale. Il se trouvait dans un angle un paravent qui allait jouer un petit rôle dans la petite histoire que nous sommes en train de raconter : un paravent décoré de chinoiseries de Coromandel, créé par un artiste contemporain de Voltaire. Mme Maria, dans son ignorance, avait failli jeter dans le débarras ce paravent vieux et délicieux ; par bonheur, la routine avait été plus forte que le mauvais goût et le paravent demeurait toujours à sa place. C'était derrière lui qu'Antoni et la poétesse, à demi cachés, étaient assis chacun dans son fauteuil, plongés dans une conversation particulière très animée à voix basse.

Mme Maria résolut de rompre le silence, qui se prolongeait lourdement :

« Miss ou madame, dit-elle, vous me permettrez de vous présenter Silvia Ocampo... »

L'Eminente eut un soubresaut et toucha le bras d'Antoni avec son éventail en plumes dont elle tirait tant d'usages, outre celui d'éventer.

« Je viens d'assurer, lui dit-elle à l'oreille, que j'avais connu la Rimbaud à Paris mais en réalité je ne sais absolument pas qui elle est. Conseillez-moi, Antoni : dois-je aller saluer la moribonde ? Si vous le croyez, j'irai, je trouverai bien le moyen de m'en sortir. »

Elle quitta son fauteuil avec l'agréable sensation qu'Antoni admirait l'élégance et le naturel de sa façon de se lever et de traverser la vaste salle. Longue et bien faite, sa silhouette était mise en valeur par la robe de soirée. Elle savait marcher et descendre les escaliers comme Mistinguette ou Cécile Sorel, en jouant toujours de son éventail en plumes dont elle ne se départissait jamais. Antoni la suivait des yeux ; il la voyait à la fois de face et de dos, reflétée dans les glaces où elle épiait l'effet qu'elle produisait sur le jeune homme.

Silvia Ocampo parvint jusqu'à la porte où s'était produite l'apparition de la pianiste spectrale.

« Enchantée, mademoiselle Rimbaud. Vous ne m'avez pas oubliée ? »

Irène Rimbaud, qui vivait dans les nuages, s'était habituée à ne plus reconnaître au bout d'un certain temps les personnes qu'on lui avait présentées. Elle ne prit donc pas la peine de chercher dans sa mémoire et laissa tomber une phrase peinée et courtoise qui rimait avec sa dépression vraie ou feinte :

« Comment aurais-je pu vous oublier, madame ? Vous avez toujours été si bonne pour moi, si bonne... »

Lola profita du moment où les deux vedettes parlaient pour s'approcher de son frère :

« Sors de derrière ce paravent, dit-elle sur un ton

comminatoire et sévère ; c'est un scandale, de vous être cachés là tous les deux. »

Le garçon, qui avait bu, rétorqua, l'air apache :

« Va t'essuyer le rimmel, tu as une joue toute noire. »

La voix de Silvia Ocampo, douce et nuancée, sonnait à l'autre bout du salon :

« Une fois, chère mademoiselle, vous en souvenez-vous ? à Cannes... »

Hellen observait la pianiste. Elle lui trouvait un certain air de ressemblance avec la baronne Felipa. Elle avait la même silhouette stylisée et la même retenue dans les gestes, mais la baronne ne dévoilait jamais sa véritable nature, tandis que Mlle Rimbaud faisait montre sans aucune pudeur d'un sentimentalisme tourmenté et dramatique : « Le monde est grossier et cruel, avait-elle coutume de dire ; je vivrai de tomates crues et pleurerai le jour de ma naissance ; aux yeux du monde l'art est un péché et la vulgarité se venge de manière atroce de ceux qui comme nous ne sont pas vulgaires... » C'est de la sorte que s'exprimait la personnalité exaspérée d'Irène Rimbaud, tandis qu'elle cherchait refuge dans la drogue, à la poursuite d'un monde idéal. Elle était, en effet, morphinomane. Felipa, en revanche, ne se plaignait jamais, ne disait jamais rien ; elle ne laissait point percer l'angoisse qui souvent l'oppressait. Les gens, en la voyant toujours si froide, si sereine, si parfaitement maîtresse d'elle-même, ne soupçonnaient pas les tensions auxquelles était soumise cette âme complexe.

Contrairement à ces deux femmes torturées, Silvia Ocampo semblait une enfant de la lumière. Il était difficile de se soustraire au charme de sa vitalité exubérante. Elle était transparente, extrovertie ; ce soir-là, elle allait finir par donner un baiser à Antoni derrière le paravent et elle le ferait tout naturellement, comme on cueille une pêche juteuse offerte sur une branche. D'où lui venait donc cette envie d'attirer l'attention, de s'exhiber, de provoquer l'admiration des autres, et surtout le désir des hommes ? Ce soir-là, elle finirait par donner un baiser à Antoni dans la pénombre discrète d'un paravent contemporain de Voltaire, mais en même temps elle éprouvait de la satisfaction à se voir assaillie par l'oncle et tuteur, ce docteur Monteleón si chauve, qui parlait avec tant d'assurance et qui était l'une des gloires les plus solides de Palma à cette époque.

La maîtresse de maison s'approchait des deux vedettes pour offrir des pâtisseries et une tasse de thé à Mlle Rimbaud, qui n'avait pas dîné. « Non, pas de gâteaux, ni de thé, dit la pianiste, à la rigueur, un verre d'eau de Seltz, rien d'autre. Mais qu'on la fasse réchauffer ; froide, elle me fait mal. »

Bien que surprise, Mme Monteleón dit à la domestique de mettre le siphon d'eau de Seltz au bain-marie. Pendant ce temps, son mari demandait à la soliste si elle pensait donner des récitals à Majorque. Elle ouvrit des yeux terrifiés :

« Oh, non monsieur, non.

— Vous n'avez rien à craindre, mademoiselle ; notre public est très intelligent.

— J'en suis persuadée. Mais je ne joue que dans des locaux spécialement construits pour y donner des concerts.

— Le théâtre Calderón...

— Oh, non monsieur, non.

— Le Liceu de Barcelone... »

Silvia avait profité de la conversation de la « demoiselle » avec le docteur Monteleón pour retourner, sans se faire remarquer, derrière le paravent. Elle s'assit dans son fauteuil en poussant un soupir comme si elle venait d'être délivrée d'un grand poids et regarda Antoni en souriant.

« Mais où donc cette miss joue-t-elle ? demanda le garçon.

— Laisse tomber, répondit Silvia, sans prendre garde qu'elle le tutoyait. Celle-là ne joue nulle part parce que personne ne lui propose de contrat. Ouf... Sers-moi encore de la chartreuse. Il faut mettre un peu d'ambiance. »

Ils burent tous les deux dans le même verre. Antoni sentait sa poitrine se gonfler et ses muscles se tendre. Etait-ce bien vrai que Silvia l'avait tutoyé ou bien l'avait-il rêvé ? Il ferma les yeux et mit sa main sur la sienne, qui ne se déroba point. Tout comme dans un songe, protégés par le paravent, ils entendaient très loin la rumeur de la conversation des autres. La miss, comme l'appelait Antoni, avait fini de boire son verre d'eau de Seltz chaude et demandait à présent de l'eau de Cologne pour s'en frictionner le front. Le docteur Monteleón, veillant au presige de Palma, lui disait :

« Rubinstein a joué au Círculo.

— Oh, cela ne m'étonne pas. Rubinstein se prostitue. »

La voix de la concertiste avait la solennité de celle de Réjane disant les alexandrins de Racine.

« La musique est un épouvantable tourment, récitait-elle, l'expiation de péchés que nul n'a commis. »

Elle parlait le français d'une voix nasale, académique et pathétique, avec des « r » chauds et très longs.

« Dites, dans ce cas, mademoiselle, fit le docteur, que la musique est une malédiction.

— Ah, oui, murmura la voix pathétique, une malédiction ! Je traîne avec moi une malédiction ancestrale.

— Ma pauvre... » murmura l'excellente Mme Maria.

Miquel Milà demanda à la pianiste quels compositeurs modernes l'intéressaient le plus.

« Européens ? Aucun.

— Pourtant, Ravel...

— Oh, non monsieur, non.

— Korsakov ?

— *Libera nos, Domine!*

— Paderevski, Pau Casals...

— Miséricorde, Seigneur! »

Il ne lui servait de rien de mêler des noms latins et slaves: la Rimbaud avait fermé les yeux et ne répondait pas. A la fin elle articula lentement:

« Mon compositeur préféré, l'incomparable, l'unique, c'est Malakata. Son nom n'est pas connu en Europe, où l'on ne sait guère apprécier la musique indonésienne.

— Alors, s'écria Mme Maria, qui entrevoyait une lueur d'espoir, nous aurons le plaisir de vous entendre jouer... comment avez-vous dit? Kalamata? »

Et voilà la concertiste déconcertée:

« Oh, non madame, non. Non! C'est impossible. La musique de Malakata n'est pas une musique qui se puisse jouer. »

Le docteur Monteleón, absolument dérouté, s'aventura, prudent:

« En somme, la musique de Malakata... car il écrit bien de la musique, si je n'ai pas mal compris. Pour qui l'écrit-il donc?

— Il ne l'écrit pas pour qu'on l'entende, oh, non. Sa musique est faite pour être lue et non pour être jouée. »

Pendant ce temps, derrière le paravent, Silvia Ocampo et Antoni avaient établi le contact à travers vingt-cinq ans de distance. Quelque chose de mystérieux les unissait à l'ombre de ce paravent de Coromandel qui à présent attirait les regards scandalisés de tout le monde. Mme Maria avait été sur le point de le ranger dans le débarras au nom du goût moderne et à cette heure elle regrettait, au nom de la morale, de ne l'avoir pas fait. Un paravent, pensait-elle, est un meuble indécent. Des scènes d'opérette lui revenaient à la mémoire, où la *soprano* cachait le ténor derrière un paravent presque sous le nez du *basso*, c'est-à-dire le mari. Au théâtre, et chantée, la scène pouvait paraître gaie, mais à la maison, c'était trop fort. Elle se sentait lasse d'avoir tant pensé et but encore un petit verre de marasquin. « Qu'ils fassent ce qu'ils voudront, décida-t-elle, je ne sais plus comment m'y prendre. »

Silvia Ocampo et Antoni firent ce soir-là un scandale qui allait détruire pour toujours le prestige social de la Sud-Américaine aux yeux des Majorquins, tout comme il y avait un siècle le prestige de George Sand avait été détruit à Valldemossa. Cela provoquerait, entre autres conflits, une tentative de suicide. Et pourtant... Il est des moments qu'on ne devrait pas mépriser, car ils risquent de ne se répéter jamais. Il convient de tenir compte des circonstances atténuantes : la nuit, la chartreuse, le paravent aux *chinoiseries* françaises du XVIIIe siècle pétri de tradition érotique. Il faut également considérer — si l'on veut être juste — le snobisme probable du jeune homme de vingt ans face à la dame célèbre et celui de la dame célèbre face au jeune homme anonyme et tout neuf. Juliette Récamier attachait de l'importance aux regards des petits ramoneurs savoyards. Lorsque ceux-ci, dit l'un de ses biographes, cessèrent de la regarder, elle comprit que tout était fini. Par ailleurs, Silvia Ocampo, à cette époque de son existence longue et mouvementée, ne se sentait pas séduite par les élucubrations du docteur Marañón sur la valeur érotique du talent masculin, qui à l'inverse remplissaient d'enthousiasme le docteur Monteleón. D'après Marañón, les femmes préfèrent le talent à la jeunesse. Le talent, elle le possédait déjà, et Antoni en revanche avait la jeunesse : ne formaient-ils pas ensemble un heureux composé ? Peut-être Antoni représentait-il à ses yeux la même chose que pour Mme Récamier les petits ramoneurs qui nettoyaient ses cheminées : la confirmation que son empire n'était pas encore fini.

Le moment du concert arrivé, le docteur vint les prévenir avec une tête d'enterrement qu'il fallait passer au salon du piano. Il s'en fallut de bien peu qu'il ne les trouvât en pleine extase : ils venaient d'échanger un baiser, le premier et le seul, mais un très long baiser.

XI

La conjonction

> Tout cela faisait bien de cette chartreuse le séjour le plus romantique de la terre. Je n'étais pas fâché de voir en plein et en réalité une bonne fois ce que je n'avais vu qu'en rêve ou dans les ballades à la mode et dans l'acte des nonnes de *Robert le Diable*, à l'Opéra. Les apparitions fantastiques ne nous manquèrent même pas, comme je le dirai tout à l'heure ; et à propos de tout ce romantisme matérialisé qui posait devant moi je n'étais pas sans faire quelques réflexions sur le romantisme en général.
>
> George Sand

Mlle Rimbaud, tenant le bras du docteur et suivie des invités, se dirigeait vers le salon du piano, prête à jouer du Malakata pour accéder aux prières de toute l'assistance. Elle avait demandé un deuxième verre d'eau de Seltz chaude qu'elle refusa de boire car, à ce qu'elle dit, elle ne l'était pas assez ; et pendant qu'on finissait de la chauffer, elle prit enfin deux bonbons au chocolat. Tout en elle était romantique jusqu'à l'exaltation. La scène se prêtait à quelques réflexions sur le romantisme en général et sur Mlle Rimbaud en particulier, qui en était la réincarnation, telle une apparition fantastique, un siècle après George Sand. Mais voilà qu'Alfons, dans toute l'ingénuité de ses dix-sept ans, dit à sa petite sœur Marisol au creux de l'oreille :

« Je te dis que cette miss est complètement marteau. Je viens de toucher le siphon et me suis brûlé la main.

— Tu ne comprends rien à la musique, alors tu ferais mieux de te taire » lui répondit Marisol avec un regard dédaigneux.

La soliste s'était assise au piano. Le concert commençait. On entendit quelques accords étranges et elle s'arrêta, devenant blême :

« Ce piano est désaccordé. Téléphonez tout de suite à l'accordeur.

— Mais il est presque une heure du matin » s'écria Alfons.

Le cerveau de Mlle Rimbaud, excité par la névrose et par la morphine, se débattait dans un monde angoissé fait de sons et de compulsions qui rendaient stérile tout ce qu'elle avait appris durant de longues années d'études auprès de professeurs éminents. Car elle avait réellement été une pianiste remarquable, morte avant ses quarante ans, victime de sa propre sensibilité.

Personne ne s'était avisé que Silvia Ocampo et Antoni étaient restés seuls derrière leur paravent. Ils avaient laissé les autres s'en aller vers le salon du piano et n'avaient pas bougé.

« Le concert de cette miss vous intéresse-t-il ? lui avait-elle demandé en le vouvoyant à nouveau.

— Nous avons eu la même idée, répliqua-t-il ; nous pouvons entendre le concert d'ici, après tout. »

Pourquoi la poétesse, qui un instant auparavant le tutoyait et se laissait embrasser, dressait-elle maintenant à nouveau entre eux la barrière du « vous » ? Silvia Ocampo, à l'inverse de Mlle Rimbaud, n'avait rien étudié et n'avait pas le moindre sens critique. Son attitude face aux choses qu'elle ignorait était sûre et décidée. Elle versifiait avec une fécondité de créole et produisait, comme George Sand, quelques bonnes choses et force mauvaises vis-à-vis desquelles elle n'éprouvait aucun remords car elle n'avait pas conscience de ses propres péchés. On disait que dans son pays elle était professeur d'université. Mais quand occupait-elle sa chaire, elle qui voyageait sans cesse ? En tout cas, elle suppléait à son défaut de formation par un surcroît d'instinct et elle savait jouer avec le « tu » et le « vous » comme le chat avec la souris.

Antoni, quant à lui, n'avait appris à fond qu'à conduire sa voiture. Si les choses tournaient mal pour lui, il deviendrait taxi, métier, à ses yeux, amusant et propice aux aventures. Il ne comptait pas faire le moindre cas des sermons de son tuteur et en fin de compte, ses vingt ans à peine faits, il ne se souciait guère des problèmes que la vie pouvait lui réserver.

Pour l'heure, bien assis dans son fauteuil, il fermait les yeux.

« A quoi pensez-vous, Antoni ? Auriez-vous sommeil ?

— Oui » avoua-t-il.

La Sud-Américaine effleura son front de sa main, dans un geste maternel :

« *Fais dodo, mon cher petit ange...* »

C'est charmant, pensait-elle, de voir dormir les êtres qui nous intéressent. Soudain, elle remarqua que les ailes de son nez frémissaient et que sa respiration devenait profonde et rythmée. En bon connaisseur, elle s'écarta. Antoni, en se réveillant, leva la tête :

« Pourquoi vous écartez-vous ? Vous répugne-t-il de me voir dormir ?

— Quelle question ! Voir dormir est merveilleux. »

Silvia éprouvait alors du plaisir à être sincère et à s'exprimer avec une certaine fantaisie. Elle aurait préféré le faire en vers, mais se contenta de la prose poétique :

« Au contraire, Antoni, reprit-elle de sa voix la plus musicale. Votre sommeil me fait rêver.

— J'aimerais dormir à vos côtés, comme à présent, mais dans un lit. »

C'était trop direct, mais l'Eminente savait très bien encaisser ce genre de choses et d'autres plus directes encore :

« S'il ne s'agit que de dormir et si vous ne ronflez pas, je n'y vois pas d'inconvénient. »

Antoni ouvrit ses yeux complètement ; il réagissait vite et voulut connaître le numéro de sa chambre au Grand Hôtel. Elle résista car sa pudeur ne pouvait pas se rendre aussi rapidement.

« Dormez là, lui dit-elle ; les autres sont occupés avec la demoiselle et je veillerai sur votre sommeil. Si vous voulez, je ferai du feu pour éloigner les bêtes sauvages. Vous et moi, Antoni, sommes deux compagnons d'aventures qui étions à bord du même paquebot et nous avons fait naufrage. Nous voici arrivés dans un île déserte. Dormez en paix, je fais le guet pendant votre repos. »

Il ferma les yeux à nouveau et fit semblant de dormir. Mais, comme plongé dans un rêve, il murmura :

« Puisque nous sommes des compagnons de naufrage, ne vaudrait-il pas mieux...

— Mieux, quoi donc ? fit-elle en se penchant sur lui et en souriant. Taisez-vous. N'aimez-vous pas faire des rêves ? Alors laissez l'imagination prendre son envol. Je vous permets d'imaginer tout ce que vous voudrez. »

L'Eminente, dans sa rêverie, revenait un quart de siècle en arrière. Elle se trouvait dans une île tropicale, auprès d'un marin qui venait de lui sauver la vie. Car, une fois, elle avait bien été victime d'un naufrage. C'était une nuit de pleine lune, chaude et parfumée. Il y avait sûrement des fauves alentour. Elle avait peur. Le marin, un homme grand et fort, parlait avec assurance et douceur à la fois : « Soyez rassurée. Il n'arrivera rien. Nous sommes des compagnons de naufrage. Vous aimez passer la nuit dans la forêt vierge ? » Il y avait plus de vingt ans de tout cela, mon Dieu. Et lui, comment s'appelait-il ? Elle avait oublié son nom. La vie était passée si vite à compter de ce moment... Il avait les mêmes cils qu'Antoni ; il était merveilleux. Elle avait oublié son nom, mais elle se rappelait bien le contact de la peau chaude, et cette aristocratie naturelle qui est l'œuvre directe de Dieu. La force, la douceur, l'ingénuité. L'amour, c'était cela sans doute, mais pour combien de temps ? Ils avaient fait vie commune durant une semaine environ, jusqu'à ce qu'un bateau ne les rende à la civilisation. Après, il disparut. Ainsi, sans nom, il semblait encore plus merveilleux dans son souvenir.

Antoni se redressa :

« J'aimerais mieux dormir à l'hôtel. »

Trop insistant, trop direct, trop primitif. L'Eminente, bien que créole, avait vécu à Paris et savait y mettre les formes.

« Ne faites pas l'enfant, trancha-t-elle. A l'hôtel on se ferait remarquer. Ce serait un scandale. Dieu sait ce que les Majorquins diraient de vous. Les hôteliers de Palma sont les piliers de la morale et de l'ordre. J'ai déjà dû quitter l'Oriana ; où pourrais-je me loger, si l'on me chassait aussi du Grand Hôtel ? »

Un bruit de pas et de conversations les ramena à la réalité. La concertiste revenait entourée de ses admirateurs (qui n'avaient guère pu l'admirer) au bras de Mme Maria. Alfons venait de leur communiquer qu'il avait tenté de téléphoner avec insistance à l'accordeur, mais que tout avait été inutile : personne ne répondait. Il ne restait qu'à renoncer au concert, puisque l'accordeur devait dormir profondément.

« L'accordeur, disait la maîtresse de maison en guise d'excuse, a passé la journée à mettre le piano en état, mais apparemment il n'a fait que le désaccorder davantage. »

Hellen avait trouvé que l'instrument sonnait bien et l'avait dit avec toute son honnêteté de Nord-Américaine. Par bonheur, Mlle Rimbaud se trouvait hors d'état de rien comprendre. Lola, plus malicieuse, allait plus loin dans ses suppositions et croyait que c'était la concertiste qui était désaccordée ; tout en développant cette hypothèse, elle réalisa que de tout ce temps son frère et la poétesse créole n'avaient pas bougé de derrière le paravent.

« Pourquoi n'es-tu pas venu écouter le concert ? » lui dit-elle. Elle ne pouvait pas, bien entendu, utiliser le pluriel : elle devait faire voir qu'elle s'adressait seulement à Antoni.

« Antoni a bien fait, dit Alfons. Sache qu'elle n'a fait que s'asseoir au piano, tapoter un instant sur le clavier et s'évanouir.

— Evidemment, dit Silvia Ocampo. La Rimbaud ? Qui pensez-vous que ce soit, la Rimbaud ? Cette miss ne sait même pas jouer du piano mécanique. Et le pire est que le siphon est en train de bouillir et va exploser. »

Le docteur Monteleón assura qu'il ne pouvait pas faire explosion car il était revêtu d'une armure de protection :

« J'ai étudié la physique.

— Vous avez sans doute étudié la physique, répliqua Silvia, mais moi, j'ai ma propre expérience en la matière. »

Dans cette dispute entre un docteur fils de la science et une sylphide fille de la nature, il était impossible que les dieux n'accordassent point la victoire à la sylphide. Pendant qu'ils se querellaient, le siphon explosa avec un bruit sec, au moment où Alfons s'apprêtait à le retirer du samovar.

« Merde ! s'écria le jeune homme. Si jamais il me touche la tête, il me la met en morceaux. »

La Rimbaud s'agitait de manière hystérique :

« Tout comme à Nice, mon Dieu... *Ah, je veux mourir ! Je veux mourir !* Tout comme à Nice, la nuit de mon concert au Négresco. Alors qu'elle chauffait, la bouteille explosa comme une bombe. Un serveur tué...

— Nom de Dieu ! s'écria Alfons, qui, dans sa panique, ne parvenait pas à maîtriser son langage.

— Deux dames blessées... poursuivait la demoiselle. *Ah, quelle fatalité !* Et au Caire, un autre soir, encore un siphon qui fait explosion. Je n'avais pu jouer... L'ombre de Malakata me poursuit ! L'ombre du grand mystique, je l'ai vue qui volait dans ce salon. *Ah que je suis malheureuse ! Quel destin fatal !* »

Tout le monde l'entourait. Monteleón préparait une piqûre, Marisol une infusion de tilleul. Silvia Ocampo dit à Antoni :

« La Rimbaud est aux anges. Toute l'assistance s'occupe d'elle et même vous, vous la plaignez. Comme vous êtes compatissant ! Elle a beau mal jouer du piano, certains de mes vers sont encore pires et cependant personne ne me plaint parce que je suis en bonne santé et que j'agresse tout le monde avec ma vitalité. Comme vous êtes bons, tous ! Si je m'évanouissais, vous me feriez aussi des piqûres et me donneriez à boire une infusion de tilleul. Vous êtes si chrétiens... Que de soins envers les nécessiteux ! Il est si beau de créer des nécessiteux pour ensuite pouvoir les plaindre ! »

L'Eminente avait trop bu de chartreuse dans le courant de la soirée, elle ne savait plus ce qu'elle disait. Elle s'était levée de son fauteuil et à présent, au centre du salon, attirait l'attention de tous. Le docteur Monteleón, l'aiguille pour la piqûre prête dans sa main, se demandait s'il devait l'administrer à Mlle Rimbaud ou à Silvia Ocampo.

Antoni s'était levé après elle et du regard la suppliait de se taire.

« Où voulez-vous que nous nous revoyions ?

— Demain, dit-elle, nous nous verrons demain. »

Antoni regarda sa montre.

« Nous sommes déjà demain ; il est presque deux heures. »

Elle lui prit le bras :

« Certes. C'est aujourd'hui demain. Accompagne-moi à mon hôtel. Je sais que cette nuit je ne pourrai pas rester seule. »

Ils sortirent en se tenant par le bras et sans prendre congé ; personne n'osait en croire ses yeux.

Quelque temps plus tard, commentant le fait avec le recul et l'objectivité de l'historien, Mme Maria dirait textuellement :

« Ce fut le plus grand scandale de tous ceux qu'on a vus chez moi. »

XII

Silvia Ocampo perd son prestige social

> Nous eussions pu vivre cependant en bonne intelligence avec ces braves gens si nous eussions fait acte de présence à leur église. Nous eussions pu nous promener au milieu de leurs champs sans risquer d'être atteints par quelque pierre à la tête au détour d'un buisson. Malheureusement cet acte de prudence ne nous vint pas à l'esprit dans les commencements et nous restâmes presque jusqu'à la fin sans savoir combien notre manière d'être les scandalisait. Ils nous appelaient païens, mahométans et juifs ; ce qui est pis que tout selon eux. La blouse, et le pantalon de ma fille les scandalisaient beaucoup aussi. Ils trouvaient fort mauvais qu'une *jeune personne* de neuf ans courût les montagnes *déguisée en homme*.
>
> George Sand

L'on sait que George Sand, à Majorque, voyait partout des Maures. Les portails à claveaux et les fenêtres à meneaux venus d'Europe avec le style gothique, lui semblaient aussi « maures » que les culottes typiques et les chapeaux à larges ailes de nos paysans. Elle ignorait que chez les Maures, qui n'avaient toujours pas adopté les vêtements européens, les hommes portaient de longues tuniques et des turbans, tandis qu'on réservait le pantalon aux femmes. Elle devait ignorer de même qu'ils ne vont pas à la messe ni ne récitent le chapelet, ni ne mangent de porc, trois choses qu'elle voyait faire aux Majorquins et qui semblaient la choquer, surtout le porc : « Le fond de la cuisine majorquine est invariablement le cochon sous toutes les formes et sous tous les aspects. C'est là qu'eût été de saison le dicton du petit Savoyard faisant l'éloge de sa gargotte en disant avec admiration qu'on y mange cinq sortes de viande, à savoir : du cochon, du porc, du lard, du jambon et du salé. A Majorque on fabrique, j'en suis sûr, plus de deux mille sortes de mets avec du porc et au moins deux cents espèces de boudins... Vous voyez paraître sur la table vingt plats qui ressemblent à toutes sortes de mets chrétiens : ne vous y fiez pas ! »

Les habitants de Valldemossa, en revanche, voyant que George Sand et les siens ne mettaient jamais les pieds à l'église et s'abstenaient de manger du porc, en déduisirent — avec un plus grand fondement, il faut l'avouer — que c'était eux, les Maures. Lorsque George Sand le découvrit, elle entra, d'après ce qu'on a dit, dans une grosse colère. Mais qui oserait exiger de la cohérence d'un écrivain si romantique et aux idées si progressistes ? Qui oserait en demander aux oiseaux ?

Le fait d'avoir découvert deux mille façons de préparer le porc et deux cents sortes de boudins, devrait plutôt sembler un titre de gloire de la cuisine majorquine : en tout état de cause, ceci devrait être la preuve qu'elle n'a rien de commun avec la cuisine mahométane. Répétons-le : les oiseaux, on les écoute chanter, mais on ne leur demande pas d'être logiques.

Un siècle plus tard, un autre oiseau merveilleux était arrivé parmi les Majorquins dans la personne de Silvia Ocampo, laquelle aussi était convaincue qu'Antoni était un Maure. Elle, Sud-Américaine et probablement métisse, trouvait, comme George Sand, que les Majorquins étaient des Maures. Le cousin d'Antoni, Alfons, qui avait à peine dix-sept ans et était blond aux yeux bleus, était d'après elle un autre Maure.

Ce qui est certain, c'est qu'il n'en avait pas encore seize que ses petites plumes de séraphin avaient commencé à chuter. Les gros mots qui lui avaient échappé lors de l'explosion du siphon, il les avait appris, de même que d'autres que nous nous abstiendrons de rapporter, dans une université du continent. Je ne vais pas décrire la vieille ville où il faisait les études préparatoires à sa carrière, mais je dirai deux mots de la place de Romanos, à proximité de laquelle il avait son logement.

Lorsqu'Alfons, tout neuf, débarqua dans cette ville, ses camarades l'emmenèrent jusqu'à cette place bien connue où se trouvaient les maisons de tolérance et de jeu. Par un coup de chance il gagna d'entrée huit cents pesetas à la roulette. Le troisième jour, après le cours de métaphysique, il apprit l'un de ces gros mots que nous avons omis de reproduire et qui seyaient si mal à ses yeux bleus et à ses cheveux blonds d'ange de pièce montée. L'Eminente, avec le coup d'œil expert de la cuisinière qui soupèse du regard un coquelet trop tendre, avait décrété qu'avant quatre ans il serait devenu « un jeune homme superbe ».

Le garçon ne pouvait pas attendre aussi longtemps et du reste, la présence à Palma d'une poétesse si affriolante accélérait sa croissance. Mme Maria, alarmée, publiait aux quatre vents que Silvia Ocampo était un vampire femelle et donna des ordres aux domestiques pour que, dorénavant, lorsque « cette Sud-Américaine » la demanderait, on lui répondît que Madame était sortie.

Quant à son mari, qui malgré ses prétentions de Don Juan commençait à perdre l'espoir d'une aventure, il s'était déclaré aussi contre l'aventurière.

« Ses vers, disait-il à présent, sont un tissu de lieux communs. »

Alfons et Marisol ne comprenaient pas comment, en

l'espace d'une seule nuit, tout le talent de Mme Ocampo s'était évanoui.

« Tu ne crois pas que mes parents sont un peu fous ? » disait Alfons à son cousin. Mais celui-ci, comme Silvia, trouvait qu'il manquait encore quatre ans à Alfons pour qu'il pût donner son opinion et ne lui accordait aucune voix au chapitre.

« Qu'est-ce que tu en sais, toi ? » lui répondait-il avec un air de suffisance.

Alfons croyait savoir beaucoup de choses, et celles qu'il ne connaissait pas encore, il avait l'intention de les apprendre, sitôt l'année scolaire commencée, dans une maison très sûre de la place de Romanos. Un jour il rencontra par hasard Mme Ocampo sur la promenade du Born. Elle l'arrêta très cajoleuse :

« Est-il vrai, Alfons, que chez vous on trouve mal qu'Antoni vienne me rendre visite ? Ils devraient m'en remercier, au contraire. Votre père surtout, en tant que tuteur. Ignorent-ils qu'à Quito je suis professeur d'éthique à l'université ? On est même venu m'expliquer qu'ils refuseront de me recevoir si j'y retourne. Comment peut-il y avoir dans ce monde des gens assez méchants pour semer la zizanie de la sorte ? Lundi prochain, je donnerai un thé chez moi. Dites à vos parents que je les attends : ils y seront les bienvenus. »

La dame, en effet, venait de prendre un appartement dans une rue du centre assez mal famée, où elle comptait réunir ses connaissances.

« A propos, tant que j'y pense, dit-elle encore à cet ange blond qui d'après elle était un Maure, dites, Alfons, à votre maman, que j'attends toujours le sofa et les autres affaires qu'elle m'avait promis. Elle doit s'en souvenir. Oui : une demi-douzaine de chaises et une table. Et une paire de fauteuils. A condition que cela ne la dérange pas, bien entendu. »

Pour pendre la crémaillère de son nouvel appartement

de la rue du Fanal, elle avait pensé se faire faire une robe noire brodée de pierreries. Elle inviterait Hertz, le peintre de renommée mondiale et son ami Francisco Deza, un garçon de l'aristocratie andalouse grand humoriste ; deux comtesses indigènes, une d'entre elles anormale ; la baronne Felipa d'Estrada et, bien entendu, Mlle Rimbaud. Comme il n'y avait pas de piano dans l'appartement, elle ne serait pas dangereuse et son nom contribuerait à donner de l'éclat à la fête. Les marquis de Collera avaient également promis d'y assister, sous la réserve toutefois que la grave maladie d'un parent éloigné n'empirât.

A quatre heures de l'après-midi du jour fixé, Silvia et Antoni s'embourbèrent dans une querelle idiote et le jeune homme sortit en claquant la porte et sans dire s'il reviendrait ou non à l'heure du thé. Il commençait à devenir jaloux. Elle l'attribuait, naturellement, à son sang maure. Or, en réalité, il se passait que le jeune homme, qui l'eût dit, était en train de devenir un bourgeois. Voir Silvia demander sans cesse des cigarettes, du chocolat, du pâté de foie français et des confitures suisses à toutes ses amitiés masculines le désarçonnait. La créole répliquait en haussant les épaules :

« Qu'y a-t-il là de bizarre ? Les hommes bien élevés se doivent de faire plaisir à une dame. En Castille il existe des villages où chaque homme est un hidalgo.

— Et c'est pour cela que tu t'es figuré qu'à Majorque chaque homme est une bonne poire ? »

Silvia, en revanche, lui reprochait toutes ces heures passées à la piscine qu'il ne lui consacrait donc pas. Au début de leurs relations, lui rappelait-elle, il n'en allait pas de même. Il ne quittait pas ses basques. Elle devenait ennuyeuse à force de lui faire de telles remontrances et ce jour-là, Antoni, exaspéré, finit par lui dire de ces mots qui jamais ne doivent parvenir aux oreilles d'une dame :

« La natation m'intéresse plus que toi. »

Il n'avait pas conscience de la cruauté de ses propos. Elle réagit avec une sourde violence :

« Tu ne manques pas de culot. »

Elle avait pâli. Dans ces circonstances, son teint devenait terreux. Elle était terrifiante et presque laide. Tout ce qu'elle avait d'indienne lui remontait au visage.

« On ne t'a jamais frappée, Silvia ?

— Tu en serais capable ?

— Non. Si tu aimes ça, cherche-toi quelqu'un d'autre. »

Il fit une sortie royale. Il voulait fermer la porte avec une énergie contenue, mais un courant d'air la poussa et la fit claquer avec violence. L'Eminente — que son mari avait souvent battue — s'était affalée sur le sofa de Mme Maria et faisait des efforts pour pleurer. C'eût été des larmes en pure perte, car Antoni n'était pas là, elle y renonça donc. D'autre part, comme elle n'avait pas de domestiques, elle devait s'occuper du fameux thé. Elle ne savait pas régaler ses invités, mais couvrait à merveille les tables de fleurs, de verres à pied, de cendriers et autres ornements. L'appartement tout entier, meublé de façon improvisée, présentait un aspect de désordre et d'excès qui aurait bien plu à George Sand. Elle jeta un coup d'œil à l'ensemble et s'en trouva satisfaite. Il y avait une grande disproportion entre l'amas de fleurs et la collation, alors elle ajouta aux rares gâteaux une assiette de dattes. « Il eût été mieux, pensa-t-elle, de supprimer les douceurs et de ne mettre que des fruits, c'est plus décoratif. » Elle savait que tout le monde est ravi par les couleurs des fruits, mais que peu de gens prennent la peine de les éplucher. C'est à cause de cela qu'on a réussi aux Etats-Unis à produire les fruits les plus gros, les plus beaux, mais les plus insipides du monde. Les fruits sont faits pour être regardés et non pour être mangés. « Les dattes sont décoratives aussi, poursuivit-elle pour elle-même, c'est presque des fleurs. » Il convenait, cependant, de faire ressortir leur couleur fauve au moyen de teintes plus gaies. A travers la fenêtre qui donnait sur une petite cour intérieure, on découvrait la salle à manger d'un appartement voisin dans laquelle il y avait un grand plat rempli d'oranges. Dans cet appartement habitait, d'après ce qu'elle savait, une demoiselle aux mœurs légères. « Son ami, se souvint-elle, possède des terres et lui offre de pleins cabas d'oranges. Ne pourrais-je pas la prier de me les prêter ? » Elle ouvrit la fenêtre et demanda à sa voisine si elle pouvait lui laisser le plat :

« C'est uniquement pour décorer la table, vous comprenez ? Je vous les rendrai plus tard. »

Une fois en possession — bien qu'en usufruit — de ce plat, elle conclut que tout était parfaitement disposé. Peut-être fallait-il allumer la cheminée pour donner une impression de confort ; mais c'était la fin du printemps et sans doute, se dit-elle, vaudrait-il mieux brancher le ventilateur. Finalement elle opta pour ce dernier. Les préparatifs achevés, elle s'assit dans un fauteuil et comme elle n'avait rien d'autre à faire, elle se rendit compte à nouveau du vide désolant dans lequel le départ d'Antoni l'avait plongée.

« Ce serait affreux, s'il ne revenait pas... » Elle se regarda les doigts et réalisa qu'ils tremblaient. « Par bonheur, il ignore que j'ai besoin de lui comme de l'air que je respire. Mais il faut lui montrer de l'indifférence, lui prouver que je suis une dame. Lui, au fond, n'est qu'un fils à papa de province, un petit bourgeois. Je lui ai ouvert des horizons qu'il ne soupçonnait même pas. Il devrait être à mes pieds et baiser la semelle de mes chaussures ! »

Tout était un sujet de scandale pour ces Majorquins si susceptibles... Mais en irritant Antoni elle avait été stupide. Elle ne parvenait pas à retrouver son calme, ne comprenait pas ce qui lui arrivait. « Une femme comme moi, souffrir à cause de ce fils à papa sans consistance ! Il n'y a qu'une Silvia Ocampo, tandis que des Antoni il y en a en veux-tu en voilà. » Ces remarques étaient raisonnables, mais elle aurait dû se les faire avant de s'attacher à lui.

« Un garçon comme Antoni est aisément remplaçable » se disait-elle. En dépit de toutes les assurances qu'elle voulait se donner pour s'apaiser, le leitmotiv ressurgissait à intervalles réguliers, comme dans le *Boléro* de Ravel : « Ce serait affreux s'il ne revenait pas. »

XIII

Presque une réunion d'hommes seuls

> J'ai particulièrement horreur d'une pièce peu meublée et très bien arrangée... Je ne comprends pas que, lorsqu'on habite réellement entre quatre murailles, on n'éprouve pas le besoin de les remplir ne fût-ce que de bûches et de paniers et d'y voir vivre quelque chose autour de soi, ne fût-ce qu'une pauvre giroflée ou un pauvre moineau.
>
> George Sand

La clochette de l'escalier tinta. C'était Salvador Soler, un camarade d'Antoni, que notre George Sand sud-américaine ne connaissait pas encore personnellement. C'était un jeune homme timide, qui parut tout déconcerté de ne pas trouver son ami.

« Il m'avait assuré qu'il arriverait bien avant cinq heures.

— Vous êtes Silver Fish, dit Silvia ; Antoni m'a beaucoup parlé de vous. Vous ne savez pas combien je suis contente de faire votre connaissance. Etes-vous toujours habillé couleur de lune ? Le sonnet "Silver Fish" a fait le tour du monde. La poétesse devait être votre grande amie. Vous êtes réellement un "poisson d'argent". Etait-elle amoureuse de vous ? Pardonnez-moi ; je sais bien qu'elle était mariée. »

Elle voulut réciter le sonnet, mais elle ne se le rappelait pas assez bien et de plus elle avait des difficultés pour prononcer l'anglais.

« C'est exquis, reprit-elle. Quels quatrains, quels tercets ! Mais, dites-moi, est-il vrai que vous nagiez toujours le corps recouvert de poudre argentée ? »

La timidité de Soler se changeait graduellement en irritation : un tel afflux de questions commençait à lui paraître stupide.

« Je n'ai jamais vu personne nager poudré.

— C'était donc le maillot de bain, ce qui ressemblait à de l'argent ? Car le sonnet vous décrit dans l'eau « absent, froid, intouchable et léger » — remarquez bien le mystère de ces quatre adjectifs — tel un « poisson d'argent », un *silver fish*.

— C'était une anglaise complètement folle. »

L'Eminente changea de conversation. Il s'agit vraiment, pensa-t-elle, d'un poisson en argent, froid et absent, imperméable à l'intimité.

« Que pensez-vous de mon appartement, M. Soler ? Je vous préviens que tout y est pur camouflage, comme moi-même. Beaucoup de meubles, mais tous prêtés. »

Soler fut contraint de déclarer qu'il le trouvait fort accueillant, que peut-on répondre dans de telles circonstances ? Mais comme il était très jeune et que les conventions sociales n'avaient pas encore corrompu son cœur de poisson, il demanda naïvement :

« N'aimez-vous pas mieux le Grand Hôtel ?

— S'il m'avait plu davantage, je ne l'aurais pas quitté. »

Elle le regardait attentivement. Est-ce que ce garçon, qui semblait né de la dernière pluie mais qui était peut-être un lascar, savait qu'au Grand Hôtel on lui avait fait aimablement comprendre — après un troisième chèque sans provisions —, qu'on préférait la perdre de vue tant que les virements bancaires en provenance de Quito, qu'elle assurait attendre, ne seraient pas arrivés ?

« Ou peut-être croyez-vous qu'on m'a jetée dehors ? »

Soler ne s'attendait pas à une réplique aussi directe et la regarda effaré. Elle ajouta :

« Antoni vous a-t-il dit quelque chose ? Antoni aime tellement ses amis qu'il leur dit peut-être tout. »

Le poisson, encerclé, se trouvait de plus en plus embarrassé :

« Antoni me parle quelquefois de vous, en effet, mais...

— Bon. S'il vous a dit qu'on m'a mise à la porte de l'hôtel, ne le croyez pas ; ou du moins, si vous le croyez, n'allez pas le répéter. »

« Les poissons ne savent pas aimer, pensait la poétesse. Que pouvait-il bien y avoir entre ce garçon et *mistress* Castle ? Rien du tout. C'est pour cela que dans le sonnet elle l'appelle poisson. Les poissons, comme les plantes, attendent passivement la semence dans l'indifférence. Ce garçon, par ailleurs si bien de sa personne, m'a l'air aussi neuf que la *pucelle d'Orléans*. »

C'était, malgré tout, un jeune homme intéressant. Il avait les yeux d'un gris sombre d'ardoise, qui au soleil devenaient beaucoup plus clairs comme si le plein jour les faisait virer à l'argent. Silvia trouvait amusant de le voir tout sérieux et décida de le taquiner un peu plus. A Paris, elle avait pris l'habitude de dire « monsieur » et « madame » à tout le monde, même lorsqu'elle s'adressait à de jeunes personnes :

« M. Soler, Antoni m'a dit que vous avez chez vous une collection de magnifiques rosiers. J'adore les rosiers. Pourquoi ne m'en faites-vous pas envoyer une paire ? »

On sonnait. Elle alla ouvrir et revint avec une carte de visite. La baronne d'Estrada s'excusait, sans préciser de raison ; elle ne pouvait pas assister au thé, disait-elle, « et le regrettait beaucoup ». Silvia Ocampo en fit lecture à haute voix sans y attacher aucune importance.

« C'est une cousine d'Antoni, dit-elle persuadée que l'autre ne savait pas de qui il s'agissait.

— Et mienne aussi, dit Soler. Nous sommes de lointains parents.

— Du côté des Estrades ?

— Oui. »

Pour dire quelque chose, puisque les autres invités tardaient à venir, Silvia lui demanda si les barons d'Estrada avaient des enfants, s'ils voyageaient, comment ils meublaient leur temps. Salvador Soler répondait brièvement. Non, ils n'avaient pas d'enfants, ils ne voyageaient pas, ils meublaient leur temps avec rien. Ils devaient donc s'ennuyer d'une façon incroyable, fit-elle remarquer. S'ennuyer ? Soler montrait une tête surprise. Et pourquoi n'aurions-nous pas le droit de nous ennuyer, si cela nous chante ? A Majorque, tous les grands seigneurs faisaient plus ou moins la même chose. « Tout y portait témoignage de l'indifférence et de l'inaction ; jamais un livre, jamais un ouvrage de femme. Les hommes ne lisent pas, les femmes ne cousent même pas. Cette absence de vie intellectuelle fait de l'habitation quelque chose de mort et de creux qui n'a pas d'analogue chez nous. Ainsi toutes ces maisons où les générations se succèdent sans rien transformer autour d'elles et sans marquer aucune empreinte individuelle sur les choses qui ordinairement participent en quelque sorte à notre vie humaine, font plutôt l'effet de caravansérails que de maisons véritables ; et tandis que les nôtres donnent l'idée d'un nid pour la famille, celles-là semblent des gîtes où les groupes d'une population errante se retireraient indifféremment pour passer la nuit... » Un siècle avant, George Sand avait déjà vu des intérieurs de palais très ressemblants à celui des Estrades ; Silvia Ocampo, comme son prédécesseur, tenait pour impossible qu'une femme pût mener une vie comme celle de la baronne sans en mourir d'hypocondrie.

« Elle doit avoir un amant », lâcha-t-elle en feignant l'indifférence et un certain naturel.

Soler parut troublé : un amant ?

« C'est une dame irréprochable, balbutia-t-il.

— C'est précisément à cause de cela que je vous ai demandé si elle avait un amant. Si elle n'avait pas été irréprochable, elle aurait déjà divorcé. Comme j'ai fait. Saviez-vous que j'étais divorcée ? Dites, qu'est-ce qu'on vous a raconté sur moi ? Je sais bien qu'à Palma on jase beaucoup sur mon compte.

— N'en croyez rien, madame. »

La colère montait par vagues jusqu'aux yeux du poisson, qui n'était plus poisson mais ange exterminateur. Silvia s'en rendait compte et s'amusait. Elle lui offrit des bonbons au chocolat et articula avec son sourire le plus avenant :

« Vous me demandez de ne pas croire qu'on me critique et vous êtes le premier à le faire. Antoni m'a dit que vous me preniez pour une folle, c'est vrai ?

— C'est-à-dire... Ce que j'avais dit exactement au Cercle, c'est que dans cette île où tout le monde se connaît et où bien des gens n'ont rien à faire, une étrangère pleine de charme et de talent passe aisément pour une excentrique. »

Le poisson lâcha encore quelques mots vagues et embrouillés et la dame épilogua comme il se devait sans que cela supposât de compromis pour aucune des parties. Il acquiesçait, désormais apaisé ; tout allait en s'arrondissant, la gaffe avait été évitée, la tension décroissait.

A nouveau on sonna. Hertz, le grand peintre, arrivait avec Francisco Deza, le jeune humoriste andalou qui avait des yeux de fille et était un habitué des quartiers du Terreno et de Sant Agustì.

« Avant sept heures, dit Hertz, nous devons nous rendre à l'Exposition des Mécontents, mais nous n'avons pas voulu manquer l'inauguration de votre appartement; nous sommes donc montés mais seulement pour vous saluer.»

Ils prendraient nonobstant une tasse de thé. Mme Ocampo s'en alla à la cuisine, mais non sans avoir auparavant dit à Soler d'observer «ce couple», parce qu'elle aimerait ensuite savoir quelle impression ils lui avaient faite. Silver Fish les examina de ses yeux de poisson sans découvrir pour le moment rien de particulier. Ils parlaient de l'exposition qui allait avoir lieu l'après-midi même:

«Hertz expose un portrait de moi, lui expliqua Francisco Deza, et une *Vénus morphinomane* sépia et or qui va faire sensation.

— Etes-vous amateur de peinture? lui demanda Hertz.

— Je n'y comprends pas grand-chose», avoua Soler avec modestie.

Francisco Deza, d'une voix haut perchée et sur un ton de demoiselle capricieuse, lui demanda sans aucune raison:

«*You speak english?*

— *A little*, répondit Soler surpris.

— Je suis très doué pour les langues», reprit l'Andalou avec un sourire ambigu et en rendant sa voix plus fine encore; «pour les langues, oui. Seulement, il m'arrive parfois de confondre les genres.»

Soler commençait à se sentir immergé dans un monde entièrement nouveau pour lui, incompréhensible et désagréable. Il se souvenait d'avoir entendu dire que Silvia Ocampo aimait fréquenter des gens bizarres. Elle y trouvait sujet à vanité, tout comme certains en trouvent à collectionner les objets saugrenus.

«J'aimerais, lui dit Deza, que vous veniez à l'exposition voir le portrait qu'Hertz a fait de moi.

— La *Vénus morphinomane*?»

Ces mots devaient humilier l'Andalou — telle était du moins l'intention de Soler — or ce fut le contraire qui se produisit :

« Comment l'avez-vous deviné ? dit-il tout fier. C'est moi, en effet, qui lui ai servi de modèle. »

Hertz crut bon d'ajouter quelques explications :

« Il est difficile de trouver de bons modèles féminins. Mon ami a été fort aimable de poser pour la tête de la Vénus. Pour la tête uniquement, cela va de soi. »

Ce fut alors qu'Antoni apparut, qui entre-temps s'était calmé et qui ignorait l'arrivée des autres. Comme il n'avait pas sonné, Soler lui demanda par où il était entré.

« Par la porte. Elle était restée entrouverte. »

Silvia arrivait de la cuisine avec la théière :

« C'est étrange, je croyais l'avoir bien fermée.

— Alors, comment ai-je pu entrer ?

— En ouvrant avec la clé que tu as dans ta poche. »

Jamais on ne savait quel parti prendre pour contenter l'Eminente, si on devait se montrer discret ou bien cynique. Là, elle avait tenu à ce que tout le monde sût qu'Antoni possédait une clé de l'appartement. Avec ses impertinences, c'était normal, elle réussissait à se fermer bien des portes, mais elle mettait son point d'honneur à « déplaire aux idiots, aux philistins, aux provinciaux arriérés. »

Les marquis de Collera, tantôt idiots, tantôt exquis à ses yeux selon qu'ils l'invitaient ou non, présentaient leurs excuses ce jour-là pour leur absence, due à une forte migraine de la marquise. « Comme si c'était encore à la mode d'avoir la migraine » maugréa-t-elle après avoir lu la carte de visite. Deux autres dames, la mère et la fille, étaient souffrantes aussi. L'Eminente lisait à haute voix les bristols qui arrivaient, apportés par les chauffeurs de ceux qui s'excusaient, et elle regardait les rares invités qui avaient comparu.

« Palma doit être bien malsaine ! Tout le monde est malade... La santé était-elle aussi précaire avant mon arrivée ? »

Hertz et son modèle prirent congé. Ils étaient attendus au vernissage.

« Quelle impression vous ont-ils faite ? demanda Silvia à Soler.

— Aucune impression, mentit le jeune homme.

— Moi, si ; exécrable, dit Antoni. Pourquoi as-tu invité cette femmelette ?

— Il appartient à une grande famille andalouse, dit-elle.

— Il nous casse les pieds.

— Ne sois pas sauvage. Oscar Wilde... »

Le lieu commun planait dans l'air du temps. A chaque époque le sien. Marañón, en même temps que Lenormand, venait de démontrer l'ambivalence sexuelle de Don Juan. Juste à ce moment on sonna. C'était les époux Milà. Milà et Hellen avaient, comme on sait, les idées larges et trouvaient « très original » un tempérament comme celui de Silvia Ocampo, bien qu'elle fût toujours en représentation.

« Vous arrivez alors que certains invités sont déjà partis.

— Sommes-nous en retard ?

— Vous êtes, Hellen, la seule dame qui ait daigné venir. Il s'agit pour ainsi dire d'une réunion d'hommes seuls.

— Silvia a eu l'idée d'inviter ma cousine Felipa et les Colleres en même temps que Hertz et son modèle.

— Hertz était ici ? Comme j'aurais aimé le connaître.

— Il m'a profondément déplu », dit Silver Fish.

La discussion reprit. Milà avait lu, il n'y avait pas longtemps, la *Vie et confessions d'Oscar Wilde*, de Frank Harris et tenait le *Portrait de Dorian Gray* pour un des deux ou trois chefs-d'œuvre de l'humanité. Hellen aussi, était disposée à comprendre certaines déviations :

« Francisco Deza, dit-elle, est un garçon fort cultivé, un humoriste de talent. La revue *Futuro* a publié un poème de lui sur la chasteté de Suzanne, tout ce qu'il y a de plus original. »

Milà rappela qu'à New York, à Paris et à Londres les « goûts particuliers » de l'humoriste n'attireraient pas l'attention.

« Eh bien à Palma ils nous écœurent », trancha Antoni.

Il but son cocktail d'un trait et ajouta sur un ton péremptoire :

« Vous, vous êtes tous très cultivés, sans doute, et très centre-européens, mais moi, je suis choqué lorsque je me trouve dans une réunion face à un type qui met du vernis aux ongles. »

Les yeux de Silvia exprimaient une douloureuse surprise :

« Antoni... tu ne sais pas ce que tu dis. Quelle importance cela peut-il avoir de nos jours, alors que tout le monde est anormal ?

— Tais-toi.

— Antoni, dit Silvia à la compagnie afin de faire retomber la tension, est confortablement installé dans son ignorance de fils de bonne famille.

— C'est ce que tu crois », interrompit-il.

Ils auraient dû se vouvoyer devant les Milà, mais ils ne voulaient plus faire semblant. Du reste, Antoni savait déjà qu'elle n'était pas mécontente que leur intimité ne fût plus un secret ; bien au contraire elle semblait trouver plaisir à l'exhiber. Silver Fish se taisait, éperdu.

« Il n'est même pas nécessaire de rappeler le cas d'André Gide, dit Milà en essayant de donner à la conversation un tour de discussion littéraire ; André Gide, au Maroc, s'extasiait devant la beauté des Maures adolescents...

— Dans quelle taverne avez-vous dîné ensemble, toi et ce cochon d'André Gide ?

— Antoni, tu es insupportable, gémit Silvia, sur le point d'éclater en sanglots. Tu n'es qu'un ignorant.

— Je suis un ignorant, d'accord, mais j'ai ma dignité. Vous autres, vous savez beaucoup de choses, mais certaines sont répugnantes. Voilà ce que je sais. »

« On comprend que Silvia en soit tombée amoureuse, pensa Hellen ; c'est un primitif, mais il est si fidèle à lui-même. » Et elle ajouta à haute voix, avec la bonne intention de ramener la paix :

« Je crois aussi, comme Antoni, que les hommes ne doivent pas trop se pomponner. L'exagération me gêne même chez les femmes. Les ongles peints me semblent d'aussi mauvais goût pour les uns que pour les autres. »

Antoni dit alors qu'il vaudrait mieux, peut-être, laisser là la philosophie et faire marcher le phonographe.

XIV

Conversations sur des thèmes transcendants

Je dirai donc sans façon à mon lecteur pourquoi j'allai dans cette galère, et le voici en deux mots : c'est que j'avais envie de voyager. Et, à mon tour je ferai une question à mon lecteur : lorsque vous voyagez, cher lecteur, pourquoi voyagez-vous ? Je vous entends d'ici me répondre ce que je répondrais à votre place : je voyage pour voyager. Je sais bien que le voyage est un plaisir par lui-même, mais enfin, qui vous pousse à ce plaisir dispendieux, fatigant, périlleux parfois et toujours semé de déceptions sans nombre ? Le besoin de voyager. Eh bien, dites-moi donc ce que c'est que ce besoin-là, pourquoi nous en sommes tous plus ou moins obsédés et pourquoi nous y cédons tous, même après avoir reconnu mainte et mainte fois que lui-même monte en croupe derrière nous pour ne nous point lâcher et ne se contenter de rien.

George Sand

Silver Fish aussi avait fini par prendre congé ; il restait donc les deux couples seuls. Antoni dansa avec Hellen et Milà avec Silvia. Ensuite ils fermèrent le phonographe et reprirent leur conversation, entre deux tasses de thé et deux cocktails. Il y avait sur la table une rose splendide et Antoni, qui décidément se sentait d'humeur impertinente, dit à Silvia :

« Tu devrais me l'offrir pour le jour de mon mariage.

— J'espère que tu ne feras pas une pareille sottise.

— Sottise ? Est-ce que tu ne t'es pas mariée, toi ?

— C'est pourquoi je te dis que c'est une sottise.

— Pour vous, peut-être, intervint Milà avec galanterie, parce que vous êtes une hirondelle errante et tant que vous n'arrêterez pas votre vol...

— Oh, comme c'est joliment dit, s'écria Silvia ; on dirait le début d'un sonnet :

L'hirondelle brisa un jour son vol errant
Dans une île de rêve et de poésie sonore,
Un jour où la mer bleue était plus bleue encore...

Je vais écrire le sonnet dès ce soir.

— Ce qui compte, ajouta Milà, c'est que l'hirondelle s'arrête le plus longtemps possible, maintenant qu'elle est à Majorque.

— Le temps qu'elles ont coutume de s'arrêter ; l'espace d'un été, dit Silvia. Une hirondelle ne peut pas cesser de voyager.

— Et pourquoi est-ce que tu voyages tant ? lui demanda Antoni sur un ton sarcastique.

— Comme ça, pour voyager ; parce que je ne peux pas demeurer longtemps dans un lieu sans ressentir le désir de m'en aller, le plus loin possible, vers d'autres lieux. Le destin de l'hirondelle est de voler, de voler toujours. »

Il se fit un silence, comme si chacun méditait les paroles de l'Eminente, qui ne recelaient cependant rien de sibyllin : elles revenaient à dire en substance ce que George Sand avait déjà exprimé un siècle auparavant. Silvia se sentait flattée par ce silence qu'elle interprétait comme un hommage et décida de faire un bis en reprenant les mêmes idées avec des mots différents :

« Je ne fais que suivre ma destinée : je me laisse emporter par l'ouragan. Chaque espèce possède sa propre fatalité. »

Elle était sincère. Combien d'ouragans ne l'avaient-ils pas emportée le long de son existence ? Elle les avait oubliés ou bien transformés à force d'années et de fantaisie. Pourquoi cette femme, encore belle, encore jeune, commençait-elle à voir comme un spectacle son passé et à le changer au gré de ses préférences ? Elle était sincère mais à la fin elle était poète et façonnait la vérité. Pour lors elle aimait Antoni de la même façon qu'elle en avait aimé d'autres à d'autres époques ; elle l'aimait vraiment, avec toute la force de son âme sincère, mais elle savait qu'elle ne tarderait pas à le perdre de vue et irait jusqu'à oublier son nom. Ce moment venu, elle ferait de lui un héros de légende.

Ces personnes qui, à l'instar de Mme Emilia, la critiquaient en lui reprochant le pire, à leurs yeux : « c'est une de ces femmes qui aiment les hommes », ne savaient pas, au pied de la lettre, ce qu'elles disaient. Don Juan, au cours de sa vie, ne fit que fuir les femmes (« en un jour seulement je les ai oubliées »), ce qui tendrait à prouver, en bonne logique, qu'il ne les aimait point, car autrement il ne s'en serait pas détaché avec une telle joie. Réciproquement, si George Sand et Silvia Ocampo abandonnaient avec tant de facilité un homme pour un autre, ce devait être, à ce qu'on peut déduire, qu'elles ne se trouvaient bien avec aucun d'eux.

Milà aborda le thème du nudisme, qui avait pris alors une certaine actualité à Palma. On parlait d'une colonie de nudistes qui devait venir camper dans une calanque déserte. Il commença par défendre le nudisme au nom de la morale. Le docteur Wassmann dirigeait le campement, conçu selon le modèle de ceux existant en divers points de l'Allemagne. La jeunesse de ce pays, déclarée « aryenne » par les livres scolaires, revendiquait la pureté raciale et l'exaltation du corps. Pourquoi donc le cacher comme une chose honteuse? Mais hélas, les Juifs expulsés d'Allemagne s'entêtaient à démontrer que leurs persécuteurs étaient plus Juifs encore qu'eux. Le docteur Wassmann venait tout juste de faire publier un essai très documenté où il était prouvé que Hitler lui-même était bel et bien Juif.

L'association nudiste qu'il dirigeait comptait déjà de nombreux adhérents, surtout des étrangers, mais on se heurtait à l'intransigeance des autorités de la province.

« Mais pourquoi, s'enquit Hellen, trouver un si vif intérêt à se promener complètement nu, alors que les maillots de bain ont été réduits à des proportions voisines de celles de la feuille de vigne ?

— Tu n'y comprends rien, ma chère, rétorquait son mari. C'est une question de principe. Il s'agit de combattre l'hypocrisie. »

Pendant qu'Antoni, indifférent au problème de l'hypocrisie, préparait un autre cocktail, Mlle Rimbaud, comme un fantôme, apparut sur le seuil.

Personne ne comprenait comment elle était entrée. De toute évidence, elle ne possédait pas de clef de l'appartement et il était assez hasardeux de supposer qu'elle était passée à travers les murs. Il fallait donc croire que la porte était restée ouverte.

« Pardon, murmura-t-elle, pourriez-vous éteindre la radio ? »

Le silence établi, Mlle Rimbaud déclara qu'elle n'allait pas s'asseoir.

« Qu'avez-vous ? demanda Silvia, vous vous sentez mal ?

— Oh, non madame, non ; ma souffrance est morale.

— Un cocktail ?

— Oh, non madame, non.

— Des chocolats ?

— Oh, non, par pitié. Je vous remercie... adieu. »

Elle disparut. Etait-elle montée jusqu'à l'appartement dans le seul but de faire taire la radio ? Ou bien Mlle Rimbaud suivait-elle également la fatalité propre à son espèce ?

Si la destinée de Silvia Ocampo consistait à « voyager pour voyager », celle d'Irène Rimbaud devait être d'errer autour du monde merveilleux d'harmonies que, comme Tantale, elle apercevait de loin sans réussir à l'atteindre et que son impuissance de névrosée eût volontiers réduit au silence. Si elle avait pu, elle aurait brûlé les partitions de Beethoven, Mozart, Ravel ou Debussy. Mais se trouvant dans l'impossibilité de rendre réels ces autodafés, elle les avait allumés dans son esprit, qui partait à la dérive sur les chemins conduisant à la schizophrénie et au fond duquel une seule idole se dressait : l'Indonésien Malakata, qui probablement n'existait pas.

« C'est une morphinomane finie, décréta Silvia, complètement finie.

— Le génie est une anomalie, dit Milà, qui forcément s'accompagne de quelques tares. Les médiocres n'y voient que les tares et cela explique pour quelle raison le génie a toujours été persécuté. »

« Cet imbécile ne se rend pas compte qu'il vient de me traiter de médiocre » pensa Silvia.

Hellen méditait. Elle avait foi en son mari et ne pouvait mettre en doute ses affirmations, mais il lui semblait pourtant excessif de considérer Mlle Rimbaud comme un génie.

« Racine, Voltaire, fit-elle remarquer, n'étaient en rien des déséquilibrés.

— Ni Racine ni Voltaire n'avaient de génie, Hellen, trancha son mari d'un ton professoral qui n'admettait pas de réplique. Ils avaient du talent, ne confonds pas les catégories. En revanche, Krause ou Kierkegaard, et, cela va sans dire, Nietzsche, qui du reste finit fou, sont des cas typiques de génie.

— Nietzsche finit fou parce qu'il souffrait d'une syphilis nerveuse, dit Silvia, et non parce qu'il était un génie. Il ne s'agissait pas de génie, mais d'une paralysie générale progressive dont n'importe quel idiot peut être atteint.

— Ma chère amie, vous sortez de notre débat. Je veux simplement dire que si Mlle Rimbaud ne prenait pas de morphine, elle ne serait pas Mlle Rimbaud et ne jouerait pas comme elle joue.

— Mais, d'abord, quelqu'un l'a-t-il jamais entendue jouer ? »

Le ton sarcastique que prenait Silvia chaque fois qu'elle parlait de Mlle Rimbaud déplaisait à Antoni, et il proposa de remettre la radio en marche.

« Je vais chercher le feuilleton policier, dit-il ; il m'intéresse plus que toutes vos philosophies et tous vos ragots.

— *Qui a volé le collier de la comtesse** ! fit Milà goguenard. Conan Doyle t'a toujours captivé plus que Zarathoustra.

— A propos, s'écria Antoni, savez-vous que le collier de grand-mère est reparu ? »

Il s'ensuivit un silence pénible, qui surprit Antoni. Pourquoi se taisaient-ils ? Ils restaient silencieux, mais il ne pouvait pas en deviner la raison, pourtant bien simple : sa sœur Lola avait raconté « en secret », et évidemment tout le monde était déjà au courant, l'histoire du collier disparu et retrouvé. Le seul à ignorer encore la version des faits donnée par sa sœur, c'était lui.

« Pourquoi vous taisez-vous ?

— C'est que l'affaire est bien délicate, Antoni, dit Hellen. Je me réjouis beaucoup que le collier ait été retrouvé. Je m'en réjouis pour vous.

— Mais justement, avec la réapparition du collier, c'est moi qui me trouve visé... »

* En espagnol dans le texte.

Et il donna son explication de l'affaire : le bijou avait été retrouvé, mais avec une lettre d'une *cocotte* exprimant son regret de l'avoir accepté en cadeau — cela tout le monde le savait — de « quelqu'un qu'elle ne voulait pas nommer ». Ceci le compromettait, car ce « quelqu'un », qui pouvait-il être ? On pouvait penser, dit-il avec candeur, que c'était lui. Les autres l'écoutaient perplexes, déconcertés par sa naïveté.

« Ce qui est hors de doute, dit Miquel Milà, c'est que cette dame a pris peur ; la peur, d'après la philosophie allemande, c'est la source de la morale.

— Vous connaissez *Le Ressentiment dans la morale* de Max Schlegel ? demanda Silvia à Hellen.

— Je n'y comprends rien, répondit la Nord-Américaine. Mais vous, Antoni, avez-vous offert ou non le collier à la *cocotte* ?

— Comment aurais-je pu, je ne la connais même pas. »

Un nouveau silence se produisit, de surprise cette fois.

« Dans ce cas... l'interrompit Milà.

— *Le mystère du collier de diamants* par Conan Doyle, s'écria Silvia, excitée par le suspense qui commençait à entourer l'affaire. Si tu avais du talent, Antoni, tu en tirerais un roman.

— Tu n'as qu'à l'écrire toi-même, lui dit-il avec brusquerie.

— Je n'écris que des poèmes, fit-elle, et ce sujet est bon pour un roman policier. Qui a volé le collier ? Ce devait être quelqu'un à la main très rapide et très habile pour que grand-mère, Mme Remei, ne pût s'en apercevoir. Comment est-il parvenu entre les mains d'une *cocotte* ? Pourquoi cette personne le restitue-t-elle à présent ? »

Il s'agissait à l'évidence d'un cas bien étrange, s'il était vrai que l'auteur de la disparition n'était pas Antoni. Personne ne connaissait le Sherlock Holmes capable de démêler l'écheveau. L'Eminente, à défaut de l'intuition du détective, avait l'imagination fertile :

« Mon pauvre Antoni », dit-elle en le regardant avec tendresse ; et avec l'assurance que donnait caprice et irresponsabilité, elle lâcha : « la cousine Felipa est la seule personne qui ait une telle main. »

Son expression maintenant était celle d'une sorcière aztèque. Tous demandaient des explications, mais elle changea cette apparence de sorcière en un certain air léger et parisien qu'elle avait l'habitude de prendre en société quand elle voulait paraître polie et qui était comme sa seconde nature, se bornant à promettre :

« La suite au prochain numéro. »

Elle adorait se montrer énigmatique. Sa sensibilité l'aurait rendue capable d'écrire le grand poème génial si elle avait eu la discipline nécessaire pour mettre en forme la fantaisie. On a pu dire de Colette qu'elle sentait les choses comme une femme et s'exprimait comme un homme, mais Colette c'était la France, une petite parcelle de l'Europe, tandis que Silvia Ocampo, c'était l'Amérique du Sud. Elle n'avait aucune discipline, ni le sens de la mesure ; elle était pareille aux rivières et aux arbres de son continent, qui débordent ou croissent démesurément.

Décevant l'auditoire, qui attendait de plus amples détails sur le mystère du collier, elle entreprit une dissertation sur les coutumes mexicaines. Il s'avérait à présent qu'elle était mexicaine.

« Là-bas, on dort le pistolet sous l'oreiller. Pour partir en excursion il convient de demander une escorte à la police. Il arrive parfois que les bandits se déguisent en policiers et dans ce cas ceux-ci sont contraints de se déguiser en ceux-là. Ce sont des pays très originaux, très typiques. Dans un état du sud du Mexique, quelques révoltés pénétrèrent dans le bureau du gouverneur et téléphonèrent au président de la République, dont ils obtinrent l'ordre écrit de fusiller le gouverneur authentique. Evidemment, il n'est pas toujours facile de savoir qui est le gouverneur authentique ; voyez le cas de Pancho Gómez, par exemple... Vous ne connaissez pas l'ode que je lui ai adressée ? Elle est considérée par la critique comme la meilleure jamais écrite en langue castillane. Je n'en crois rien, bien entendu, avoua-t-elle avec modestie.

— Nous non plus, dit Antoni

— Tu n'as pas voix au chapitre. Sur les légendes mexicaines, poursuivit Silvia en s'adressant à Hellen cette fois, j'ai prononcé une conférence à la Sorbonne. C'était à l'époque où l'on portait ces robes aux grands décolletés dans le dos, qu'on appelait « décolletés lombaires » ; ce jour-là précisément, j'en portais une toute neuve.

— Le décolleté eut un immense succès, je suppose, fit Antoni.

— C'est tout ce que tu aurais saisi de ma conférence. »

Et afin de montrer qu'intellectuellement elle le tenait pour moins que rien, elle lui tourna le dos et s'adressa à Milà :

« Connaissez-vous une étude où il est démontré que le frère du Christ était un légionnaire romain appelé Panthera ? Elle vient de paraître à Hambourg.

— Mais qui peut en faire la démonstration ?

— Et qui peut démontrer le contraire ?

— C'est pourquoi il vaut mieux n'en rien dire.

— Cela vaut mieux pour vous, qui n'avez pas d'imagination, argua Silvia. Mais moi, l'imagination me ronge. Encore une goutte de whisky ? N'allez pas penser que je ne suis pas croyante, je voudrais bien trouver quelqu'un de plus croyant que moi, à ma façon. Je suis panthéiste. Mon autel serait un arbre, une source...

— Voilà qui est merveilleux, s'écria Antoni ; ou une bouteille de champagne, ou un poulet farci.

— Pourquoi la foi ne serait-elle pas une chose plaisante ? dit-elle en l'ignorant ostensiblement. Les papes de la Renaissance, par exemple, avaient beau mener joyeuse vie, cela ne les empêchait pas pour autant, lorsqu'il s'agissait de défendre l'orthodoxie la plus pure, d'affronter vaillamment Luther, qui était un animal. »

Miquel se déclara également, comme la poétesse, « croyant à sa façon ».

« Protestant ?

— Non, mais croyant à ma façon. »

L'alcool avait échauffé les esprits. Antoni, qui se taisait depuis un moment, réagit soudain avec violence :

« Tu n'es rien, Milà, s'écria-t-il en tapant du poing sur la table. Que veut dire « à ma façon » ? Tu es un imbécile, Milà. Et toi une bécasse, Silvia. Et je vous interdis, vous m'entendez ? de dire encore des infamies à propos du Christ !

— Voyez donc la confirmation de ce que je vous disais, fit Silvia ; l'héritage des Maures, le fanatisme, l'Espagne noire. La femme comme une esclave à la maison et l'homme au café. »

Ceci ne correspondait guère à la situation, car Antoni n'était pas au café et elle n'était pas une esclave domestique. Du reste, le pauvre garçon était l'être le moins tyrannique qu'on pût imaginer. Mais Silvia se sentait irritée contre lui. Lorsque Miquel Milà rétorqua, souriant, qu'à l'inverse, la femme au café et l'homme en train de se faire les ongles à la maison, « comme cela commence à se passer aux Etats-Unis », c'eût sans doute été pire, la créole, se sentant inquisiteur laïque, ordonna de se taire à « l'inquisiteur clérical ». Milà, qui se tenait pour un homme aux idées progressistes, fut vexé de s'entendre appeler de la sorte et Hellen, qui était Nord-Américaine, entreprit une défense timide de son pays.

« Je le sais bien, Hellen, lui dit Antoni. Ce n'est pas de ta faute ni de celle des Etats-Unis. Mais attention, que cette paire d'idiots que forment ton mari et Silvia ne viennent pas se moquer de ce qu'il y a de plus sacré, parce que je ne le tolérerai pas.

— Et qu'est-ce que c'est, d'après toi, ce qu'il y a de plus sacré ? lui demanda Silvia avec méchanceté.

— Qu'est-ce ? Les croyances, l'honneur...

— L'honneur ! » cria Silvia horrifiée, et elle avala son whisky d'un trait. « Regardez donc ce moraliste, regardez-le : c'est l'alcool qui le fait moraliser comme un Savonarole. Les croyances, l'honneur... Pouah ! »

Et se levant brusquement, elle se mit à réciter un poème engagé qui avait scandalisé ces dames de la bonne société de Palma lors d'un récent récital au Cìrculo, et qui plutôt qu'à un poème, ressemblait à une rengaine de la Meller. Mais nous allons voir cela dans le prochain épisode.

XV

Beuverie

> La prudence et la réserve sont, de l'aveu même des Majorquins, la tendance dominante de leur caractère. Les paysans ne vous rencontrent jamais dans la campagne sans échanger avec vous un salut ; mais si vous leur adressez une parole de plus sans être connu d'eux, ils se gardent bien de vous répondre quand même vous parleriez leur patois. Il suffit que vous ayez un air étranger pour qu'ils vous craignent et se détournent du chemin pour vous éviter.
>
> George Sand

Je t'ai donné mes biens : mon honneur, ma tendresse,
En faisant fi de tout, car j'étais convaincue,
Et toi, pour préserver ton rang et ta noblesse
Egoïste et cruel, tu me laisses perdue...

Elle avait de la force lorsqu'elle déclamait, et sa voix, qui dans ces moments devenait presque masculine, n'était plus masquée par les accents mielleux typiquement créoles qui lui avaient valu tant de succès dans les salons internationaux. C'était un poème contestataire. Vingt ans plus tard, au lieu de le réciter, elle l'aurait sûrement chanté avec de longs hurlements et en s'accompagnant d'une guitare électrique. Cent ans auparavant, il aurait pris en revanche la forme de l'une de ces

Nuits que l'égoïsme de George Sand inspira à Alfred de Musset lorsque celle-ci l'abandonna pour partir avec Liszt. Mais la « chanson engagée » n'existait pas encore et les *Nuits* de Musset dataient de plus d'un siècle. Silvia Ocampo était venue au monde trop tôt ou trop tard, elle devait donc se contenter de réciter son poème, qui à vrai dire n'était qu'un tango, mais elle le disait avec impétuosité. Au second quatrain, où elle tournait en dérision la conception bourgeoise de l'honneur ainsi que l'hypocrisie sociale, elle finissait, dans une grande envolée, par rester seule avec son idée de l'honneur. Là, ses cris retentirent dans la courette de l'immeuble, allant jusqu'à l'appartement de la pécheresse qui lui avait prêté la corbeille d'oranges. D'avoir pu l'écouter, celle-ci aurait sans doute souscrit à cette nouvelle conception de l'honneur, à cette conception révolutionnaire qui n'admettait d'autre loi que les avis du cœur.

L'Eminente, une fois le poème fini, tomba exténuée dans un des fauteuils de Mme Maria, tandis que les trois spectateurs – Antoni, Milà et Hellen – ne sachant que faire, se mirent à applaudir. Mais trois personnes seules en train d'applaudir, cela produit une impression assez artificielle, c'est pourquoi ils optèrent pour faire l'éloge du poème. Il n'y avait du reste point d'autre issue : il est impossible de laisser sans commentaire une composition que l'auteur lui-même vient de réciter. Le seul à avoir pris au sérieux ce « poème engagé », c'était Antoni.

Sain de corps et d'esprit et partant naïf, il était le seul à ne pas s'être rendu compte des divers mots de remplissage et des prosaïsmes nombreux qui encombraient toute cette sensibilité de pacotille. Mieux encore, son argument de mélodrame lui était allé droit au cœur.

« Pardonne-moi, Silvia, dit-il tout ému. Pardonne-moi pour tout ce que je viens de te dire. Tes vers sont formidables et je ne suis qu'un ignare. Je ne mérite pas de lacer la semelle de tes souliers. »

Il avait trop bu et le « poème contestataire » avait fini de l'enivrer. Il ne savait plus ce qu'il disait et c'est pourquoi il parlait de lacer la semelle des souliers. Peut-être s'était-il vu lui-même pareil à l'homme du texte, qui pour préserver son rang et sa noblesse avait abandonné la pauvre fille, désormais « perdue », après qu'elle lui avait fait don de tout ce qu'elle possédait sur terre, son « honneur » et sa « tendresse » ? A vingt ans, tout est possible :

« Je rougis de moi-même, Silvia, ajouta-t-il les larmes aux yeux. Tu es pleine de talent tandis que moi, je suis un âne... »

Il s'était agenouillé aux pieds du fauteuil comme s'il désirait se confesser à elle. La scène, d'un mélo frisant l'absurde, mettait dans l'embarras Milà et sa femme, qui ne savaient plus où regarder. Silvia Ocampo lui caressait la joue :

« Je te pardonne, car tu ne sais pas ce que tu fais, mon pauvre Antoni. Je suis toute pardon, toute tendresse. »

Milà et Hellen balançaient entre s'en aller discrètement sans dire au revoir ou au contraire se mêler à la conversation pour en changer le cours. « Ce pauvre garçon, pensait Milà, à vingt ans, il ne devrait pas être aussi naïf... »

« Tu crois que je ne t'admire pas, Silvia ? poursuivait le " pauvre garçon " complètement ivre. Crois-tu que je ne donnerais pas dix ans de ma vie pour savoir autant de choses que toi ?

— Le whisky t'a fait tourner la tête », lui dit-elle soudain. Elle s'était aperçue que Hellen les regardait et qu'à ses yeux la scène ne pouvait être que du dernier mauvais goût. « Redresse-toi, Antoni, ordonna-t-elle. »

Antoni s'en alla dans un coin et enleva sa veste.

« Je l'enlève parce que j'ai chaud, expliqua-t-il. Ouf ! »

Ce fut à ce moment que la sonnette de la porte tinta de nouveau. Antoni alla ouvrir en bras de chemise. Il resta figé de stupeur à la vue de cet invité si tardif. C'était son oncle et tuteur, le docteur Monteleón.

« Alors, dit Silvia, vous allez me dire que votre femme ne peut pas venir ?

— Elle m'a chargé de vous transmettre ses excuses, confirma le docteur.

— La migraine ?

— La migraine.

— De l'aspirine, donc. Vous prendrez un whisky, docteur ? Vous êtes arrivé si tard qu'il ne reste plus de thé. »

Antoni s'était assis par terre au beau milieu de la pièce, les yeux mi-clos. Il dégrafa son col et enleva sa cravate. Le docteur Monteleón observait tout d'un œil de détective ou, qui sait, d'inquisiteur.

« Je vois qu'on ne se gêne plus ici, dit-il sur un ton sarcastique.

— J'imagine ce que vous devez penser de nous, déclara Silvia. Qu'est-ce que cela aurait été si vous aviez trouvé Hertz et son modèle, ou si vous aviez assisté à l'entrée de mademoiselle Rimbaud, il y a un instant ? »

Le docteur se sentait irrité, bien qu'il le dissimulât. Irrité contre son neveu, mais davantage encore contre la Sud-Américaine qui ne semblait pas avoir la plus petite idée de la morale, l'une des formes de la peur selon Nietzsche. N'était-elle pas allée jusqu'à soutenir devant lui que dans son pays, qu'on n'arrivait jamais à identifier exactement, il y avait des serpents capables d'avaler un bœuf entier ? « Et tout comme les maris dans les pièces de Calderón de la Barca, ils ne peuvent pas digérer les cornes, lui avait-elle expliqué. Alors, savez-vous comment il s'y prennent, docteur ? Ils se suspendent à une branche qui surplombe une rivière, et, la tête en bas, laissent sortir celle de leur victime, laquelle, au contact de l'eau, finit par pourrir. Alors les cornes tombent d'elles-mêmes et ils peuvent engloutir la bête entière. »

Ce que le docteur trouva difficile à avaler, ce fut l'anecdote. Sans oser la mettre en doute, parce qu'il n'était pas complètement certain de sa fausseté, il s'était borné à sourire en disant qu'il « avait étudié la zoologie ».

« Vous avez étudié la zoologie, docteur Monteleón, mais moi, j'ai vu » fut sa réponse, qui n'admettait aucune réplique.

Le spectacle qu'offrait l'appartement dépassait tout ce que le docteur avait redouté. Cette dame était impossible et quant à son neveu, il faudrait prendre une décision. Il n'y avait pas d'autre solution que d'intervenir énergiquement. Felipa avait insinué l'idée de réunir le conseil de famille et tout compte fait, c'était ce qu'il y avait de mieux à faire.

Il baisa la main de Mme Ocampo – non sans avoir hésité, car fallait-il le faire, s'agissant d'une femme divorcée ? – et après avoir salué la compagnie d'un simple geste de la main, il sortit de l'appartement. Il en avait assez vu. Sa décision était prise.

XVI

Espionnés par la baronne

C'est la verte Helvétie sous le ciel de la Calabre, avec la solennité et le silence de l'Orient.

George Sand

C'était une matinée resplendissante de juillet. Entre les toits des maisons du quartier de la cathédrale, le ciel brillait comme une lance. Majorque, George Sand l'avait dit, est « la verte Helvétie sous le ciel de la Calabre, avec la solennité et le silence de l'Orient ». Quartier de la cathédrale, rues de l'Almudena, de Sant Bernat et des Canonges. Le portail baroque du jardin de l'évêque laisse entrevoir deux rangées de cyprès inondés de soleil. Une vieille dame, un prêtre, quelques chats, quelques touristes.

« Oh, Charlie, dit en chantant la dame anglaise à son mari, regarde le joli puits avec un blason. *Beautiful* ! »

Le kodak déclenche un instantané. De nouveau le silence règne, seulement interrompu de temps à autre par les cris des martinets. Sur la petite place du Cavall Blanc, deux grandes maisons, presque des palais, se regardent face à face. Les deux cours sont vastes ; à travers les grilles, on devine un jardin aux fleurs rouges.

Celle de droite — le palais de l'héritier Estrada — affiche une vétusté honorable, tandis que celle de gauche — le palais de la branche cadette aujourd'hui ruinée — appartient à présent à une banque hypothécaire qui l'a laissée dans un état de semi-abandon. Son prestige seigneurial se trouve déparé par la présence d'un commerce de charbon et d'un atelier de menuiserie, installés au rez-de-chaussée, des deux côtés de la cour d'honneur.

« Il est bien certain et chacun sait, écrit George Sand, que chaque pays a ses harmonies, ses plaintes, ses cris, ses chuchotements mystérieux et cette langue matérielle des choses n'est pas un des moindres signes caractéristiques dont le voyageur est frappé. A Majorque il n'y avait pour moi aucune comparaison à faire avec des sites connus. Les hommes, les maisons, les plantes et jusqu'aux moindres cailloux du chemin avaient un caractère à part. » Ce fut vraiment dommage que George Sand ne pût faire la connaissance de la baronne Felipa d'Estrada, que nous côtoyons en plein été 1935, un siècle après la rédaction d'*Un hiver à Majorque*. Chaque matin, elle sort du palais où elle habite à présent et dont le propriétaire est son mari, pour s'engouffrer, au centre de la petite place, dans une venelle qui la mène droit à la cathédrale où elle écoute la messe de midi. George Sand aurait trouvé dans la personne de la baronne et dans sa maison ce « caractère à part » qu'elle se plaisait à découvrir dans les choses et les gens de Majorque. La baronne passait sans s'arrêter devant le débit de charbon et la menuiserie qui désormais avilissaient la maison où elle était née, en bonne enfant de la branche cadette des Estrades. Pour ne pas les voir, elle avait appris à marcher les yeux baissés, sans prêter attention au monde environnant, livrée à ses propres rêveries qui ne l'abandonnaient même pas au cours de la messe.

La vision qui l'obsédait ce matin-là était celle de chaque jour : une cage de fer qui renfermait un homme.

Elle ne parvenait pas à en saisir l'identité. Mais il avait des yeux absolument déconcertants, tantôt implorants, tantôt narquois. Elle éprouvait de la pitié pour ces yeux lorsqu'ils suppliaient mais dès que leur prière se changeait en moquerie elle était prise d'envie de le frapper. Ses sentiments se transformaient au gré des différentes expressions du captif. Mais elle n'arrivait pas à élucider, et ceci l'obsédait, si le changement était commandé par le prisonnier ou par elle-même, qui avec sa propre rancune, provoquait la haine de la victime ainsi que sa raillerie démoniaque.

« Si c'est ainsi, pensait-elle, je suis damnée. »

Elle ne savait pas que Silvia Ocampo était aussi de son avis. Celle-ci, exubérante par nature et férue de liberté, trouvait qu'une personne se situant, comme c'était le cas de la baronne d'Estrada, aux antipodes, ne pouvait pas échapper à l'enfer. Silvia justement venait de quitter son appartement de la rue du Fanal ; celle-ci lui paraissait « pleine de caractère », comme elle aurait paru à son illustre prédécesseur de 1838. Mais ses murs suintaient l'humidité et l'on entendait trop les radios du voisinage. Elle en avait donc loué un autre, cette fois en banlieue, dans une rue dépourvue de caractère mais large, propre et silencieuse. Cet appartement neuf était la propriété d'une parente de la baronne qui fut enchantée de le lui louer lorsqu'elle eut appris que la Sud-Américaine était de ses amies. Mais ayant su après par Felipa elle-même que leurs relations étaient rompues depuis le scandale du paravent et que la créole avait un passé chargé, la propriétaire, qui était âgée, décida de résilier le bail au moment où l'Eminente venait de s'installer. L'affaire avait été portée devant les tribunaux.

« La main de Felipa nous poursuit, lui dit Antoni, je l'avais prédit.

— Si ta cousine n'était pas une hystérique...

— Elle l'est. Qu'est-ce qu'on peut y faire ? »

A présent elle s'était mis dans la tête de faire enfermer Antoni dans une maison de redressement, sur décision du conseil de famille, afin de l'éloigner de cette *liaison dangereuse*. Mais celui-ci, qui était au courant, optimiste par nature, ne le prenait pas trop au tragique. Et pourtant, l'oncle Monteleón s'occupait activement de la chose.

« Crois-tu qu'ils peuvent le faire ? lui demanda Silvia.

— Je ne le pense pas.

— Mais c'est ton tuteur.

— L'ordre doit venir du juge.

— Ta cousine est une fanatique sans aucun scrupule. Une hystérique qui nous exterminerait si elle le pouvait. »

Ils se trouvaient dans ce nouvel appartement sans caractère mais confortable. Le soleil qui filtrait à travers les lames des stores lui donnait un air tropical. Tout y semblait improvisé, comme dans l'autre appartement de la rue du Fanal et comme il plaît aux personnes du genre de la Ocampo ou de Sand. Le canapé était un simple sommier, des boîtes à chapeaux tenaient lieu de tables basses. On y voyait une malle recouverte d'un tissu aux couleurs criardes. Le *mantón de Manila**, avait encore une fois repris son rôle de rideau, pour voiler ici l'entrée de l'alcôve. A l'occasion du déménagement, elle avait rendu à Mme Maria les meubles que celle-ci lui avait prêtés. Ils semblaient, du reste, à Silvia, « horriblement bourgeois » et elle fut bien aise de les perdre de vue. Quel besoin y avait-il de s'asseoir sur des chaises lorsqu'on peut aussi bien le faire sur des caisses de champagne vides, vendues à quatre centimes par n'importe quel épicier ? Une boîte d'emballage, habillée d'une cretonne voyante, est plus originale qu'un meuble, sinon plus confortable.

* Châle de Manille en soie brodée. (N. des T.)

« Une fanatique, oui, poursuivait Silvia. Et vous êtes tous là à lui témoigner tant de considération... Toi aussi, tu as de la vénération pour elle, ne me dis pas le contraire, Antoni. Tu la regardes comme si c'était Léda.

— Léda ?

— Léda eut un cygne pour amant. Qui sait si Felipa a un chauffeur pour cygne. Il est beau, le chauffeur des barons ?

— Ne dis pas de bêtises, Silvia.

— Tu es incroyablement gosse. Mais ne vois-tu pas que c'est une hystérique qui nous exterminerait si elle le pouvait ?

— Qu'est-ce que tu en sais ?

— C'est toi qui ne sais rien. Je ne lui ai parlé que deux fois, mais je la connais par cœur. Il m'a suffi d'un simple coup d'œil pour comprendre quel genre de femme elle est.

— C'est que tu es très intelligente. »

Silvia se dégagea en douceur de ses bras et abandonna le canapé pour continuer son discours mais elle en avait perdu le fil. Comme chaque fois qu'elle se mettait en colère, sa peau était devenue sombre et ses yeux brillaient tels ceux d'une indienne, remplis de quelque haine ancestrale.

« Tu doutes encore qu'elle ait volé le collier ? »

Elle trouva enfin le sujet qu'il lui fallait ; un sujet pathétique, à la hauteur de la situation :

« C'est de ta faute, Antoni. J'ai tout sacrifié pour toi ! Au début, lorsque je venais d'arriver à Majorque, j'étais reçue partout, j'avais mes entrées chez les Colleres, chez tes oncles. Même ta cousine mourait d'envie de me fréquenter. J'avais donné un récital au Cìrculo, plein ce soir-là de la meilleure société de Palma. Plein surtout de dames qui pleuraient en écoutant mes vers, et qui vinrent ensuite me féliciter.

— En effet, il y avait toute la noblesse, reconnut

Antoni sur un ton nullement moqueur, mais au contraire très respectueux. De fait c'est toi-même qui as tout gâché avec ce maudit plaisir que tu sembles trouver à faire du scandale devant tout le monde.

— Donc, tu veux dire que je suis une femme à scandales ?

— Ne recommençons pas, s'il te plaît.

— J'ai tout sacrifié pour toi ! dit-elle à nouveau sur un ton déclamatoire. C'est ma liaison avec toi qu'ils ne me pardonnent pas.

— Notre liaison, lui fit-il remarquer, aurait pu être plus discrète et alors chacun eût montré qu'il ne s'en rendait pas compte. Mais tu as voulu l'afficher comme si cela t'amusait, de leur lancer un défi. Ce qu'ils ne nous pardonnent pas, ce n'est pas notre liaison, mais l'étalage que nous en faisons.

— Quelle hypocrisie ! » gémit l'Eminente en se couvrant les yeux d'une main.

Elle était un poète révolté. Elle bravait le monde et ses conventions, mais n'admettait pas qu'en retour celui-ci lui retirât sa considération. Elle croyait se conduire avec élégance dans le rôle difficile de dame du grand monde, libre et dépourvue de préjugés. Il faut reconnaître que d'une façon générale, elle se tirait d'affaire avec une certaine grâce et avec talent. Les parents d'Antoni lui auraient pardonné, ou du moins auraient feint de tout ignorer, si elle n'avait pas eu la fantaisie de faire la mangeuse d'enfants, précisément avec un rejeton de la famille — un garçon de vingt ans, et de la meilleure souche. Certes, elle savait, quand elle le voulait, jouer son rôle de grande dame cosmopolite avec charme et adresse, mais de temps à autre, l'Aztèque, ou peut-être la Quechua — qui saura jamais si elle était mexicaine ou péruvienne ? — faisait irruption, qui gâchait en cinq minutes le travail de plusieurs mois. La lutte et le jeu l'attiraient de la même manière. Tout comme George

Sand, elle aurait voulu que toutes les choses fussent « disposées pour satisfaire les magnifiques caprices d'imagination ou de rêverie d'une phalange choisie de poètes et d'artistes. » Mais le monde n'a que faire de pareilles histoires et par ailleurs il a bien assez de casse-tête pour pouvoir pardonner à ceux qui lui en créent de superflus.

Mais la poétesse était déjà en train de penser à autre chose :

« Nous devrions, très cher Antoni, regarder dans les journaux les petites annonces d'appartements. Il serait plus judicieux de déménager plutôt que d'avoir un procès avec la propriétaire. »

Antoni, boudeur, arpentait en silence la pièce. Il commençait à se rendre compte que Silvia appartenait à ce genre de personnes qui changent d'appartement tous les quinze jours. Or les déménagements, justement, le rendaient malade.

« J'ai terminé mon paquet de cigarettes égyptiennes, dit-elle. Voudrais-tu aller jusqu'au port m'en acheter de contrebande ? »

Antoni sortit de l'appartement en oubliant de fermer la porte.

XVII

Silvia a des visions

> Si je n'avais écrit sous l'influence des chagrins et des contrariétés que j'éprouvais alors [...] car Majorque est un des plus beaux pays de la terre.
>
> George Sand

N'était les rééditions qu'on en fait à Palma de temps à autre, *Un hiver à Majorque* serait probablement tombé dans l'oubli. On pourrait supposer que nous les Majorquins sommes un peu masochistes, puisque nous trouvons tant de plaisir à lire ce texte et à le relire. En réalité, il n'a jamais été écrit d'éloge aussi impartial de notre île. Impartialité fort méritoire, car celle qui l'écrivit était alors fort mal lunée.

A tout autre qu'Aurore Dupin, compte tenu de la situation dans laquelle elle se trouvait à son arrivée dans l'île, le paradis terrestre lui-même aurait de fait semblé un enfer. « Nous passerons sous silence, dit l'*Encyclopédie Espasa* — et nous ferons de même — ses relations intimes avec Mérimée, Musset, Listz et surtout avec Chopin, qui remplit sa vie de chagrin et fut son dernier amour. » C'est en sa compagnie, comme chacun sait, qu'elle se rendit à Palma. Elle avait trente-quatre ans, ce qui à l'époque était considéré comme un âge avancé pour une femme, et dans son enfance elle avait été très mal élevée. Mais laissons encore une fois la parole à l'*Espasa* qui, cela est connu, est irremplaçable : « Dès l'enfance elle avait parcouru en toute liberté les forêts et les champs, devenant une passionnée de la vie rustique et se laissant marquer par des impressions indélébiles que plus tard elle devait transformer en d'admirables descriptions de la nature. Son éducation fut très négligée ; elle lisait tout ce qui lui tombait entre les mains et ses lectures n'étaient interrompues que par de folles équipées avec les galopins du village. A cette école, son manque de discipline atteignit un degré tel, que sa grand-mère se vit contrainte de l'enfermer dans le couvent des Anglaises à Paris, où elle demeura jusqu'en 1820. » A cette date, elle revint à Nohant pour – nous dit encore l'*Espasa* – « s'y livrer de façon frénétique à l'équitation. Elle chassait, parfois habillée en homme. Elle lisait sans cesse, mais sans aucun ordre ni méthode, Leibnitz, Aristote, Locke, Condillac, Chateaubriand et Byron. » Mariée au baron de Dudevant, militaire à la retraite, bien plus âgé qu'elle, « après neuf années de résignation passive et après avoir donné le jour à Maurice et à Solange, elle prit la décision de mettre fin à un état nullement en accord avec ses inclinations, et en 1831 elle convint avec son mari d'une séparation à l'amiable. »

Si nous nous sommes attardé à donner toutes ces citations textuelles de la célèbre *Encyclopédie* – plus connue en effet de beaucoup de nos contemporains que celle de Diderot – c'est parce qu'en y changeant simplement les dates et les noms propres, elles pourraient servir aussi de notice biographique pour Silvia Ocampo. D'après George Sand, s'il faut en croire l'*Espasa* – et d'après Silvia Ocampo, ajouterons-nous – « l'amour dégénère au gré des changements qu'il rencontre alentour et il n'est pas d'autre lien que celui que crée la passion mutuelle du moment. » Elle arriva à Majorque, comme Silvia Ocampo, fuyant les tempêtes de la vie et dans l'espoir de trouver un havre de paix. Elle vint avec Chopin phtisique, dans un état désespéré, moribond presque. Elle était flanquée de ses deux enfants – chose d'un certain point de vue admirable – qui avaient quatorze et neuf ans. Allez savoir l'opinion qu'ils se faisaient de l'affaire. Même Solange, avec ses neuf ans, pouvait déjà comprendre quelque chose à l'embrouillamini sentimental de sa mère. Au début de ce siècle, un poète majorquin, peut-être trop tôt oublié par les nouvelles générations, décrivit la situation telle qu'elle pouvait apparaître à sa vision rétrospective :

Auriez-vous un cœur assez dur et une âme assez aride
pour ne pas pleurer à la lecture d'*Un hiver à Majorque* ?
Ce pays obscur, opprobre du monde civilisé,
Méconnut l'auguste majesté du génie,
Le bonheur et les droits de la passion,
En refusant son rôle d'amène villégiature.
Rétrograde, fanatique, intolérant et obtus,
Il ne sait pas goûter la grâce d'un burnous bien coupé,
Ni la qualité d'une coiffure tombante à la romaine,
Ni les habits masculins, ni ce geste de sultane
Fumant le narguilé.
La maladie de l'artiste adoré ne parvint pas à l'émouvoir.
Pour les béotiens de l'île tout était sujet d'étonnement :
La musique, les habits, l'étrange compagnie,
L'exotique beauté, les dehors fascinants.
C'est ainsi qu'un voyage qu'on prévoyait charmant
Ne fut qu'un douloureux tissu de péripéties et d'angoisse.
Savez-vous ? Là-bas, sur la verdoyante Helvétie,
Se déploient le ciel de la Calabre, le calme de l'Orient.
Le cactus, le palmier, le pont sur le torrent,
Le lierre des moulins, les maisons en enfilade,
Le son des grelots et des cascades,
Tout « pose » pour l'artiste, tout semble préparé.
Dinorahs et *Somnambules* y trouvent un paysage
Seyant, avec des mélodies de lune et cavatine.
Le firmament s'inonde d'une lueur divine ;
Des abeilles volètent autour des tournesols

Tandis que les lauriers helléniques vibrent de rossignols.
Mais hélas, voici des siècles que sont morts les « homérides »
Et les gardiens de ce jardin des Hespérides,
Ce sont maintenant d'ignobles truies suivies de leurs pourceaux
Et nulle part dans le monde on ne trouve d'êtres aussi mesquins...

La gentille dame aux mains d'albâtre
Qui enlèvent les épines et arrangent les coussins,
Savait le moyen de toucher les cœurs,
Connaissait la façon d'aimer des jouvenceaux,
Savait comment les enflammer, les prendre à leurs familles,
Le moyen de troubler leurs veillées laborieuses
Et d'allumer en eux la fièvre maligne de ces désirs
Qu'inspirent seulement les femmes de trente ans.
Témoin Musset.

Loin de l'agitation de Lutèce,
Les eaux paisibles de la ducale Venise
Virent celui qui donnait son bras à la Dupin,
Tout comme Valldemossa connut le grand Chopin.
Poète adolescent à l'allure langoureuse,
Il brûle comme un parfum dans un feu impur
Et son âme restera désormais à vibrer
D'amour et de délire, de musique et de chants,
Là-bas, dans les suaves nuits de sérénades
Pleines des tintements des grelots d'argent,
A l'ombre de cette Renaissance
Qui brodait des villes d'enchantement...

Tout ceci, et davantage encore, fut écrit par Miquel de Sants Oliver aux environs de 1900, au moment où, après Costa i Llobera et Joan Alcover, il semblait que « l'école de Majorque » était à son apogée. Or, il manquait encore notre poète, ainsi que Gabriel Alomar. Trente-cinq ans plus tard, une autre mangeuse d'adolescents se trouvait à Majorque — qu'il nous soit permis de faire remarquer au passage qu'on n'a jamais exprimé cette idée populaire dans un style aussi impeccable et au moyen de périphrases aussi élégantes que ceux de notre poète.

Antoni, avons-nous dit, avait laissé la porte ouverte.

Silvia Ocampo se trouvait seule dans l'appartement, lorsque tout d'un coup la baronne Felipa d'Estrada apparut dans l'encadrement de la porte donnant sur le couloir. Silencieuse, les traits tirés, pareille à une image de la désolation, elle restait là, debout.

« Vous ! » s'écria la Sud-Américaine en se relevant et en essayant de masquer sa surprise par un sourire. La baronne examinait toutes ces cretonnes fleuries, les tables basses qui n'étaient que des boîtes à chapeaux, le coffre recouvert d'un tissu aux couleurs criardes. Elle refusa de prendre place sur la caisse d'emballage que Silvia lui offrait et à la fin, comme il fallait dire quelque chose, elle murmura :

« Excusez-moi. Je crois bien que je me suis trompée d'appartement. »

A nouveau ce fut le silence. La poétesse était déconcertée. Il faut reconnaître qu'il y avait de quoi. Elle aurait aimé dire mille choses mais ne réussissait à en trouver aucune. Qu'est-ce que la baronne allait dire maintenant ? Elle ne l'eût jamais crue capable de venir se mettre dans la gueule du loup avec une excuse aussi stupide. Etait-elle montée pour l'éblouir avec ses airs de reine détrônée ? « Ma parole, on dirait la statue du Commandeur dans *Don Juan Tenorio* ! Bien, ma chère, si vous n'ouvrez pas la bouche je ne dirai rien non plus. Je baisserai les yeux et regarderai le bout de mes souliers comme fit Marguerite Gauthier lorsqu'elle reçut la visite du père d'Armand. La première à parler paiera un gage. »

Ce fut la baronne :

« Pourriez-vous me dire dans quel appartement de cet immeuble habite une couturière qui est souffrante ? »

« C'est tout ce qu'elle trouve à dire ? pensa Silvia. Il est tout de même curieux qu'elle porte aux oreilles des brillants qui coûtent une fortune et qu'elle ait en contrepartie une imagination aussi pauvre. Sa taille est merveilleusement fine, comment fait-elle ? Anémie ? Tuberculose ? Sa robe, en revanche, est mal coupée. Elle ne se soucie que de la distinction. Elle doit être un peu simple d'esprit, pourquoi s'habiller à Majorque alors que Paris est si proche ? On dit que le baron était un homme galant et fort beau, comment s'y est-elle prise pour le transformer en ermite ? Dans vingt ans, cette idiote regrettera d'avoir gâché sa jeunesse. Ah, ma chère baronne, si tu daignais écouter les conseils que volontiers je te donnerais... » Et à haute voix elle dit :

« Vous consacrez-vous à la visite des malades ?

— Je suis membre du Comité des dames de charité. On a dû faire erreur en me donnant l'adresse.

— La malade que vous cherchez est-elle pauvre ?

— Elle vit de ce que nous, les dames de charité, lui donnons.

— Et vous la cherchez dans une maison comme celle-ci, avec salle de bain et ascenseur ? Votre parente ne vous a-t-elle pas dit le prix de ces appartements ? Mais asseyez-vous, même si vous n'êtes venue que par erreur. Qu'en dites-vous ? Tout ici est provisoire, tout y est camouflage, comme moi-même (c'était une phrase qu'elle se plaisait à répéter). Je vois que vous regardez mon rideau. Vous plaît-il ? C'est un *mantón de Manila*, comme vous pouvez le remarquer. Et derrière ce rideau (elle l'ouvrit brusquement) il n'y a rien. »

La baronne rougit.

« J'espère que vous n'allez pas supposer que je suis venue voir ce que cachent vos rideaux ?

— Qu'y aurait-il d'étonnant à cela ? Ce serait là une curiosité fort compréhensible. Les femmes, on le sait, sont curieuses. Je regrette beaucoup de vous décevoir. Antoni n'est pas ici, comme vous pouvez le constater.

— Je... dit Felipa, et elle ne put rien ajouter de plus.

— Oh, ne croyez pas que vous vous y soyez trop mal

prise, fit l'autre en s'amusant. Maintenant il n'est pas là, mais il y était à l'instant.

— Antoni ?

— Il vient me voir souvent. Je sais que son tuteur n'aime pas cela et qu'il est question de convoquer le conseil de famille. Ces choses ne me vexent pas, je suis compréhensive. D'autre part, nous n'avons pas la même idée de la morale.

— Si vous ne pouvez pas m'indiquer où se trouve l'appartement de ma malade... » l'interrompit froidement la baronne.

« Elle part, quel dommage ! » pensa Silvia Ocampo. Ce jeu, qui l'amusait tant, allait finir trop tôt.

« Je vous prie de m'excuser, madame Ocampo, dit Felipa en s'approchant de la porte.

— Peut-être, dit l'autre, avons-nous toutes les deux quelque chose à nous dire, et cette occasion serait excellente. »

La baronne la regarda intriguée. Silvia lui tendait la bonbonnière.

« Un chocolat ? Hélas, je n'en ai que fourrés à la liqueur et je sais bien que vous ne les aimez pas.

— Comment le savez-vous ?

— Avez-vous déjà oublié que nous nous sommes vues à la soirée des Monteleón ? Moi, je ne l'oublierai jamais.

— Ni moi, répliqua Felipa sur un ton réticent.

— Vous m'avez fait une impression éblouissante, poursuivait Silvia. Je ressens à votre égard, madame la baronne, une grande sympathie. »

En entendant le mot « baronne », Felipa la regarda avec une expression douloureuse, presque suppliante. Avait-elle eu l'intuition que cette créole, un peu vulgaire peut-être mais d'une vitalité exubérante, constituait une sorte d'antidote qui pouvait la sauver ? La vision de l'homme en cage traversa vertigineusement son imagination. Son visage n'était pas perceptible, mais on aurait dit que cette fois il avait une chevelure de femme. « Serait-ce moi, la prisonnière ? Serais-je moi-même en train de me martyriser ? » La baronne ne connaissait pas l'*Heautontimoroumenos*, ce n'était donc pas de la littérature chez elle, mais une sensation bien personnelle.

« Vous me croyez intransigeante et incompréhensive, dit-elle, et pourtant, si j'avais l'assurance... »

« L'assurance ? » Silvia Ocampo songea à son mari qui la frappait, à son foyer détruit, à ses voyages répétés et qui avaient toujours été des fuites, à ses aventures, si nombreuses et si désastreuses. La tristesse ternit ses yeux d'indienne, si beaux : « L'assurance, pauvre de moi... Vous, vous possédez un palais avec des tapisseries du XVIe siècle, du crédit à la banque, une réputation... mais vous n'avez pas d'assurance. »

« L'assurance... de quoi donc ? interrogea-t-elle.

— De rien. »

Vide absolu.

La poétesse comprenait qu'elle allait en gagnant du terrain.

« Vous avez tort, madame la baronne, de ne pas me confier votre pensée. A une femme comme moi on peut tout dire, c'est l'un de nos avantages.

— Vous êtes très intelligente. Personne n'en disconvient.

— Ceci n'a rien à voir, répondit Silvia, impatiente. Mon assurance ne me vient pas de mon intelligence, mais de ce que je suis disqualifiée.

— Je ne comprends pas. »

La poétesse laissa s'envoler son imagination, car elle n'était pas poète pour rien :

« Dans certaines capitales comme Londres ou New York, dit-elle, il existe des dames riches et névrosées, ayant en général atteint la cinquantaine, qui sortent seules le soir pour se poster à un coin de rue dans les quartiers mal famés et s'offrir aux marins moyennant un modeste salaire. Elles veulent faire une expérience qui peut-être à leurs yeux possède l'attrait irrésistible du fruit défendu. Ce sont des dames à la réputation sans tache, qui ne se permettraient même pas un flirt avec un homme de leur propre classe et que la calomnie d'un marin ivre ne peut atteindre. Il est impossible de cracher sur les étoiles, vous me comprenez, n'est-ce pas ? Appliquez-vous l'histoire à vous-même : le marin, c'est moi. Vous pouvez m'expliquer, en toute confiance, l'histoire du collier de diamants. »

Il y eut peut-être une hésitation dans l'attitude de la baronne, mais elle fut de courte durée. Reprenant son calme et sa froideur coutumiers, elle prit congé en répétant ses excuses pour s'être trompée d'appartement.

Quel dommage ! Voilà un intéressant chapitre de roman perdu à jamais. Si elle était restée seulement cinq minutes de plus, elle se serait trouvée nez à nez avec Antoni. Celui-ci, rappelons-le, s'en était allé chercher des cigarettes de contrebande sur le port. Lorsqu'il sut par Silvia que sa cousine venait de partir, il s'écria furieux :

« C'est impossible ! Tu mens, c'est impossible !

— C'est regrettable que tu aies mis si longtemps. Ton entrée eût été un fameux coup de théâtre... As-tu trouvé les cigarettes égyptiennes ?

— Un marin m'a vendu celles-ci, dit Antoni, mais il m'a averti qu'elles contiennent de l'opium.

— Oh, elles ont de l'opium ? s'écria Silvia enthousiasmée.

— Peut-être me l'a-t-il dit seulement pour me les faire payer plus cher. »

Elle en alluma une et se mit à tousser.

« Jette-la, lui dit-il ; elle peut te faire mal.

— Mais c'est on ne peut plus doux, murmura-t-elle tout en fermant à demi les yeux afin de mieux la savourer. Veux-tu éteindre ? Comme cela, dans une demi-obscurité, c'est délicieux... »

Elle s'était affalée sur le divan qui n'était qu'un sommier avec force coussins, et appuyée sur l'un d'eux elle fumait dans l'attitude d'une orientale goûtant au narguilé. Les yeux toujours clos, elle s'abandonnait dans une posture langoureuse. Les cigarettes ne contenaient peut-être pas d'opium, qu'importe ? Elle l'y mettait elle-même.

« Parle-moi. Raconte-moi des histoires de sorcières, d'apparitions, de rois maures... »

La pièce s'était remplie de fumée. Antoni voulut mettre le ventilateur en marche mais il n'y parvenait pas et pour finir le détraqua. Cette fumée l'étouffait.

« Ne fume plus, la supplia-t-il. Va savoir ce que ces cigarettes contiennent. »

Dans cette demi-obscurité du crépuscule, Silvia Ocampo, étendue sur le canapé en train de fumer, avait l'air irréel. Par la fenêtre ouverte on entendait au loin un grillon. L'air calme était plutôt étouffant. Il se préparait une nuit chaude, peut-être orageuse. Une nuit comme celles des tropiques. Il ne manquait que le négrillon nu pour éventer l'odalisque. « Lorsque la Ocampo, avait écrit un critique parisien, pénètre dans un salon, l'île de Cuba entière entre, cousue à son jupon... » Mais il s'était avéré plus tard qu'elle n'était pas de Cuba. D'où était-elle alors ? Peut-être ne le savait-elle pas elle-même. Ses parents, selon elle, possédaient des caféiers à Saint-Domingue. Leur voyage de noces avait duré deux ans. Elle fut conçue probablement en Equateur. Sa mère aurait aimé la faire naître à New York pour qu'elle fût Nord-Américaine, mais à l'époque les communications n'étaient pas aussi rapides qu'elles le devinrent par la suite et le voilier sur lequel ils voyageaient fut immobilisé par un calme plat. Ils durent soutenir l'assaut de quelques flibustiers cubains. C'était l'an 1890, les *mambises** s'étaient soulevés et les Caraïbes n'offraient aucune sécurité à la navigation. L'un des flibustiers tomba amoureux de la belle Dominicaine et assassina son mari. Une tempête fit sombrer le navire. Voilà l'histoire que Silvia Ocampo racontait et elle se poursuivait sans fin avec des variantes sur les dates et les lieux, avec des contradictions aussi, qui ne l'inquiétaient guère. Parmi toutes ces aventures, la naissance du célèbre écrivain demeurait dans l'ombre. Antillaise ? Argentine ? Péruvienne ? Depuis un certain temps, il lui avait pris le désir de se déclarer Aztèque. Sur son passeport poétique on aurait pu écrire : « Nationalité : tropicale. »

« Tu dors ? lui demanda Antoni.

– Je suis sur le point d'entrer dans le nirvâna, répondit-elle avec un filet de voix. C'est une somnolence si douce... Mais parle, Antoni, ou mieux, chante. J'ai le sentiment de nager dans une mer très tiède où tu es une sirène.

– Je ne suis pas une sirène, Silvia, et je n'ai aucune envie de l'être. »

Mais la poétesse s'était endormie et ronflait même un peu.

* *Mambises* : rebelles, durant la guerre d'indépendance de Cuba (N. des T.)

XVIII

Antoni est jaloux d'un marin

> Il ne faut pas qu'on m'accuse de puérilité parce que je rapporte des vexations dont, à coup sûr, je n'ai pas conservé plus de ressentiment que ma bourse de regrets ; mais personne ne contestera que ce qu'il y a de plus intéressant à observer en pays étranger ce sont les hommes ; et quand je dirai que je n'ai pas eu une seule relation d'argent, si petite qu'elle fût, avec les Majorquins, où je n'aie rencontré de leur part une mauvaise foi impudente et une avidité grossière, et quand j'ajouterai qu'ils étalaient leur dévotion devant nous en affectant d'être indignés de notre peu de foi, on conviendra que la piété des âmes simples, si vantée par certains conservateurs de nos jours, n'est pas toujours la chose la plus édifiante et la plus morale du monde et qu'il doit être permis de désirer une autre manière de comprendre et d'honorer Dieu.
>
> George Sand

Antoni était presque un adolescent et la jeunesse a de la fierté. L'impertinence de Silvia, dès lors qu'ils étaient seuls entre quatre murs, n'était pas telle qu'elle pût faire trembler les étoiles dans le ciel. Elle, expérimentée et un peu cynique, aurait aimé que son ami en rît, mais il arriva tout juste le contraire et à la place de rire il se mit en colère.

« Lorsqu'il vous vient à l'esprit des absurdités, cria-t-il, le mieux c'est de se taire. »

Mais que lui avait-elle dit pour le faire ainsi sortir de ses gonds ? Elle s'était plainte encore une fois de ce qu'il allait trop souvent avec ses amis et que pour se réunir avec eux au café il la laissait toute seule des heures durant. Elle commençait à être jalouse de Francisco Deza. Voici ce qui provoqua l'explosion.

« Ne crie pas tant, murmura-t-elle, je ne suis pas sourde. En revanche, toi, tu es aveugle. Tu ne sais jamais rien, tu ne remarques rien, tu ne te rappelles rien. Il y a seulement quelques semaines, Francisco Deza était d'après toi une tapette, un individu indigne d'être reçu chez soi, et voilà que maintenant il est de tes amis. Je sais que tu vas tous les jours au café où Hertz et Silver Fish le retrouvent.

— Et alors ? Ne puis-je pas avoir les amis que je veux ? »

La Sud-Américaine, échauffée, se lança dans une diatribe contre l'Espagne noire, chose qu'elle faisait souvent et principalement lorsque cela était le plus hors de propos :

« Votre morale ne tolère pas la vérité, affirma-t-elle avec emphase. La lumière vous terrorise et vous abhorrez tout ce qui signifie liberté et progrès. Vous faites étalage de votre dévotion et vous indignez, ou feignez de l'être, contre ceux qui ne la partagent pas. Et que dire de votre piété ? A mes yeux elle n'a rien d'édifiant et en tout état de cause je pense qu'il est d'autres façons de comprendre et de révérer la divinité... En effet, les Majorquins, vous vous tenez pour des gens très moraux et pieux, mais cela ne vous empêche pas de vous conduire avec grossièreté envers une étrangère tout simplement parce qu'elle est divorcée, comme vient de le faire Mme Herraiz, qui m'a fait dire de lui rendre son sommier !

— Tu aurais dû le faire il y a déjà longtemps.

— Alors je ne sais pas comment nous aurions dormi.

— Eh bien par terre. »

Le sommier de Mme Herraiz avait remplacé, après le déménagement, le canapé de Mme Monteleón.

« Par terre ! dit la poétesse, d'un air sarcastique. Monsieur aurait accepté de bonne grâce de dormir par terre ! »

A ce moment précis, la sonnette tinta et Antoni alla ouvrir.

C'était Hellen. Peut-être avait-elle entendu quelque chose de leur dispute, mais elle n'en laissa rien paraître. Avec son côté direct de Nord-Américaine, elle en vint sans détours au but de sa visite :

« Je suis navrée, Silvia, mais il n'y a pas moyen de savoir où se trouve *mistress* Nell, la seule personne à Palma en qui j'aie suffisamment confiance pour lui demander de l'argent. »

Antoni écoutait stupéfait.

« Si vous pouviez attendre quelques jours jusqu'à ce que je reçoive mon chèque... poursuivait Mme Milà. Ni moi ni mon mari n'avons de liquide disponible en ce moment.

— Qu'est-ce que c'est que cette histoire ? » demanda Antoni.

Hellen fut déconcertée. Elle ne se serait jamais doutée que dans une amitié si intime il pouvait y avoir des secrets entre les deux partenaires. Elle était, comme on sait, Nord-Américaine. Pour elle, le fait qu'une femme divorcée et un célibataire vivent ensemble n'avait rien de scandaleux. Ils ne trompaient personne et la seule chose que sa morale réprouvait avec sévérité était la tromperie. La vertu résidait pour elle dans la franchise, c'est pourquoi l'ignorance d'Antoni la surprenait grandement.

Silvia, qui avait tout compris, la rassura en mentant d'une manière plus naturelle que si elle avait dit la vérité :

« Vous pouvez parler en toute confiance, Hellen, car Antoni est au courant. Ne vous faites pas de souci, je m'arrangerai. Merci de toute façon. Mais ne voulez-vous pas vous asseoir ?

— Je ne peux pas. Des amis m'attendent en bas.

— J'espère que tu vas m'expliquer ce mystère, dit Antoni lorsqu'ils se trouvèrent à nouveau seuls. Aurais-tu par hasard demandé de l'argent aux Milà ? »

Il parlait comme un mari qui exige des explications.

« Oui, dit-elle. Je leur ai demandé de l'argent.

— Et pourquoi ?

— Très simple : parce que je n'en ai pas. »

Cela faisait un mois qu'elle ne recevait plus de virements d'Amérique et elle en devait deux de loyer.

« Toi, Antoni, tu ne te rends jamais compte de rien, s'écria-t-elle en voyant la tête qu'il faisait. Il me faut cet emprunt parce qu'autrement je vais être saisie. »

Pour Antoni, fils de bonne famille, l'argent était comme l'air ou comme l'eau, c'était quelque chose qui allait tellement de soi qu'on n'en parlait même pas.

« C'est absurde » murmura-t-il.

Qu'est-ce qui était absurde ? Il ne le précisa point et l'on pouvait entendre qu'il s'agissait de la saisie, mais peut-être faisait-il allusion au manque d'argent.

Elle voulut jouer le rôle de la femme traquée, non qu'elle se sentît particulièrement inquiète — car dans sa vie elle s'était trouvée dans des situations bien pires — mais simplement pour observer les réactions d'Antoni. Elle ne parvenait pas à le saisir. Etait-il un enfant précoce ou, à l'inverse, un homme un peu demeuré ?

« Plus rien ne me paraît absurde, dit-elle en cachant son visage entre ses mains. Ils considèrent que tout leur est permis pour m'enfoncer : grossièreté, calomnies, lettres anonymes. »

L'affaire des lettres anonymes intriguait tellement

Antoni que celui-ci, dès qu'elle y fit allusion, en oublia les deux mois de loyer.

« Qui peut bien en être l'auteur ? »

Elle le fixa avec ses yeux de magicienne aztèque.

« Francisco Deza, assurément.

— Impossible.

— Impossible ? »

Elle lui tendit celle qu'elle venait de recevoir le matin même. Antoni put y lire ces vers, surprenants à bien des égards :

> Ta chair vineuse,
> Enorme madame,
> Te rend affreuse*

Il en interrompit la lecture pour la regarder, perplexe :

« Mais tu n'es pas grosse. Tu es plutôt un peu trop mince pour mon goût.

— Il s'agit d'écrire des choses désagréables, les plus blessantes possible. C'est pour cela qu'on écrit des lettres anonymes. »

Antoni poursuivit :

> Avant tes récitals, si tu m'en crois,
> Aux œufs de sainte Claire éclaircis ta voix.
> Ma chère madame, tu exhibes des bras
> Qui pour faire des cuisses ne me déplairaient pas*

Arrivé là, il s'esclaffa :

« Remarque, c'est faux mais c'est drôle. Et pourquoi crois-tu que c'est Francisco Deza ?

— Il a toujours été vexé de voir que les hommes font plus de cas de moi que de lui.

— Il ne manquerait plus que ça !

— Observe bien qu'il ne me critique pas en tant que poète, mais en tant que femme. »

* En espagnol dans le texte

C'était justement vu.

« Si c'était vrai, dit Antoni, cela mériterait qu'on lui casse la figure. »

Et comme tout ce galimatias le dépassait, car il était incapable d'imaginer les réactions d'un homosexuel, il revint à l'histoire des dettes. N'avait-elle pas le mois dernier une somme respectable en banque ? Elle n'avait acheté aucune robe et les cigarettes égyptiennes, c'était lui qui les lui procurait. Qu'avait-elle donc fait de son argent ?

« Pour ce qui est de l'argent, dit-elle, tous les Majorquins, vous êtes pareils. Qu'en ai-je fait ? Et qu'est-ce que j'en sais ? Je l'ai peut-être donné... »

A qui ? Antoni était sûr d'être « le seul ». C'est là une croyance fort répandue, comme chacun sait, surtout parmi les cocus. Mais Silvia ne pouvait avoir aucun gigolo car Antoni la voyait constamment et Palma, d'autre part, est trop petite pour permettre des aventures secrètes. En réalité il ne pensait même pas à la possibilité lointaine d'un gigolo.

« Bon, dit-elle, si tu ne veux pas qu'on me saisisse il faudra m'autoriser à vendre le brillant.

— En aucune façon ! s'écria-t-il. C'est un souvenir de famille, il a appartenu à ma mère et je te l'ai donné pour que tu le portes toujours sur toi.

— Grâce à ce brillant, Palma tout entière a découvert nos relations et encore tu as le toupet de dire que je cherche à faire du scandale. »

Le brillant avait en effet porté le scandale à son comble. Au début, ceux qui le voyaient sur la gorge de la poétesse supposaient qu'il s'agissait d'un faux et ne s'en alarmaient nullement. Mais lorsqu'ils se doutèrent qu'il était authentique, ces gens pleins de bon sens sentirent les piliers de la morale publique chanceler sur leurs fondements mêmes. Le docteur Monteleón, en sa qualité de tuteur, en fut indigné, la baronne d'Estrada revint à la charge avec sa maison de redressement et Mme Herraiz écrivit deux mots à l'Eminente pour lui réclamer le sommier qu'elle lui avait prêté et qui — elle l'avait enfin compris — servait à un usage dont la seule pensée lui faisait horreur.

« Puisque tu ne veux pas que je vende le brillant, dit Silvia, il faudra donc se résigner à subir la saisie. En fin de compte ce ne sera pas une tragédie puisque les meubles ne m'appartiennent pas. »

Ils éclatèrent de rire comme s'ils s'étaient trouvés en pleine bohème à Montparnasse, mais les réactions de la créole étaient changeantes et le rire fit promptement place à la dépression.

« Nous rions maintenant, sans penser que je vais être obligée de quitter Majorque. »

Elle avait les yeux remplis de larmes. Antoni lui promit de trouver la somme nécessaire.

« Je ne pleure pas à cause de l'argent, fit-elle. Je pleure parce que je t'aime beaucoup, mon petit.

— Je t'aime aussi, mais ceci n'est pas une raison pour te mettre à pleurer.

— Tu ne peux pas comprendre. »

C'était vrai, il ne pouvait pas comprendre. Antoni avait l'intuition de la pauvreté de sa propre vie, comparée à l'histoire orageuse de l'Eminente. Ces larmes qu'elle versait devaient sans doute obéir à des causes fort complexes et mystérieuses pour lui.

« Je ne suis rien de plus qu'un *señorito* de village, reconnut-il humblement. Combien insignifiant je me sens à tes côtés...

— Ne dis pas cela, l'entendre me fait mal. Antoni, tu es un dieu. Mon pauvre petit, sais-tu quel est mon âge ?

— Tu as trente-quatre ans. Tu me l'as dit toi-même une fois. »

Blottie contre lui, Silvia Ocampo pleurait à présent aussi désolée qu'aurait pu l'être Mlle Rimbaud. En effet, elle en avait avoué trente-quatre, l'âge de George Sand à son arrivée dans l'île, en 1838, en compagnie de Chopin. Il était indéniable qu'une certaine parenté existait entre les deux dames, mais en réalité elle avait bel et bien dépassé les quarante-cinq ans. Peut-être, compte tenu de l'évolution du monde, étaient-ils comparables aux trente-quatre d'un siècle plus tôt. Cet espoir était, en effet, fort plausible.

« Et toi, tu l'avais cru, n'est-ce pas, Antoni ? Mon petit, tu l'avais cru parce que c'était moi qui te l'avais dit ? Innocent ! Tu es incapable de mentir, donc tu as du mal à croire que d'autres puissent le faire si impudemment...

— Silvia, tu es méchante. »

Elle se mit à se frapper le visage tout en insistant sur la nécessité où elle se trouvait de rentrer dans son pays, dont personne, du reste ne savait le nom. L'accès d'hystérie calmé, les confidences jaillirent :

« J'étais très courageuse, Antoni, rien ne me faisait peur. Moi toute seule, j'ai tenu tête à mon mari qui pourtant était fort et puissant. J'ai provoqué un beau remue-ménage dans la presse de Buenos Aires avec mon "J'accuse". Mais j'étais jeune alors, tandis qu'à présent... »

Antoni, ému, jurait que pour lui, il n'existait plus désormais nulle autre femme en dehors d'elle. Il était sincère mais cependant ne fut pas cru. Et pourquoi cela ? Silvia elle-même ne venait-elle pas de reconnaître qu'il était incapable de mentir ?

« Tu ne fais pas semblant, Antoni, mais tu te trompes. Tu ne sais pas ce que tu veux, mon pauvre petit. Tu n'y peux rien. Ne sois pas triste, mon roi. Il y a un instant à peine j'enrageais de me voir si vieille à côté de toi, mais à présent je voudrais te bercer comme une mère berce son enfant et cela me procure une grande joie, simplement de l'imaginer, oh, quelle joie !

— Ne dis pas de sottises.

— Ne te fâche pas, personne ne nous entend. Nous pouvons dire toutes les bêtises qui nous passeront par la tête. Toi et moi, seuls au monde! Le reste, que nous importe le reste? Mais je ne t'ai jamais raconté ma vie. Dans ma jeunesse, j'ai eu un ami marin, nous fîmes naufrage ensemble...

— Vous aviez fait naufrage?

— Bien sûr. Nous échouâmes dans la forêt vierge. C'était un homme merveilleux. Il mourut quelque temps plus tard en héros dans la catastrophe du Titanic — elle improvisait, emportée par l'inspiration. Tu n'étais pas encore né. »

Antoni se sentit jaloux de ce marin légendaire bien qu'à présent, après tous ces lustres écoulés depuis sa mort, il se fût décomposé en molécules et en atomes de carbone, d'oxygène, de calcium et d'on ne sait quoi encore. Il l'imaginait vêtu de blanc, grand et fort, en train de maîtriser les fauves de la jungle et les nerfs changeants de la créole, tâche ardue s'il en fut.

Il s'assit à côté d'elle, l'embrassa et lui fit quelques sages propositions visant à la calmer. Il était déjà neuf heures un quart. Il irait dîner à la maison pour ne pas fâcher grand-mère. Tout de suite après il rentrerait et ils sortiraient pour se changer les idées. Elle proposait de prendre une barque et de faire un tour dans la baie au clair de lune.

« Mais sans matelot, dit-il en fronçant les sourcils.

— Sans matelot, dit-elle. Toi et moi seuls, mon petit roi! » Et elle récita, les yeux fermés et très lentement:

Un soir, t'en souvient-il?, nous voguions en silence...

— J'ai toujours aimé Victor Hugo, murmura Antoni.

— Oui, mais ça, c'est de Lamartine. Ne parle pas de littérature, je te préfère ignorant — et elle lui arrangea le nœud de la cravate tout en lui disant : « *Sois charmant et tais-toi.* »

« Lamartine aussi ?

— Non, Baudelaire. Tu vois ? A présent je commence à croire que tu m'aimes un peu.

— Jusqu'à présent, tu ne l'avais pas cru ?

— Maintenant, nous commençons à nous aimer tous les deux.

— Alors tu ne partiras jamais plus de Majorque, n'est-ce pas ?

— Tu ne veux pas que je m'en aille ? Donc je ne partirai pas. Dis-moi encore qu'il n'y a pas d'autre femme pour toi au monde en dehors de moi. »

Les hommes, principalement lorsqu'ils n'ont pas encore franchi le cap des vingt ans, ont une conception fort stricte de la pudeur, bien plus accusée que les femmes. C'est la raison pour laquelle Antoni trouvait que certaines paroles ne doivent pas être répétées une fois l'occasion de les prononcer passée. Silvia affirmait souvent qu'elle lui trouvait une « sobriété castillane » (quoique Majorquin) et elle l'aimait ainsi, tellement sec, tellement sérieux, tellement fort (elle ferma les yeux et vit un instant le marin du naufrage) et si honnête qu'il avouait sans rougir confondre Victor Hugo, Lamartine et Baudelaire. Les dieux (pour elle, en bonne panthéiste, le pluriel était de rigueur) se montraient propices à son endroit, car ils lui avaient adressé au moment d'un naufrage le beau marin et à présent, au cours d'un autre naufrage, ils lui avaient envoyé le merveilleux Antoni. Certes, il aurait pu être plus grand, il aurait pu peser quelques kilos de plus et être plus riche, mais en fin de compte, son corps était parfait, viril et plein de grâce. Et avec ça, il était naïf et sain ! Sa famille ne lui donnait guère d'argent ; ce n'était pas une maison de milliardaires, mais on y nageait dans l'abondance et il n'y avait aucune raison de dépenser avec autant de parcimonie. Mais sans doute procédait-on de la sorte afin de l'accoutumer à l'austérité. Alors, comment allait-il s'arranger, le malheureux, pour lui payer ses deux mois de loyer ?

XIX

Madame Felipa a des remords

> Lorsque je voyais mes enfants, élevés dans l'abomination de la désolation de la philosophie, servir et assister avec joie un ami souffrant [Chopin], eux tous seuls, au milieu de cent soixante mille Majorquins qui se seraient détournés avec la plus dure inhumanité, avec la plus lâche terreur, d'une maladie réputée contagieuse, je me disais que ces petits scélérats avaient plus de raison et de charité que toute cette population de saints et d'apôtres. Ces pieux serviteurs de Dieu ne manquaient pas de dire que je commettais un grand crime en exposant mes enfants à la contagion et que, pour me punir de mon aveuglement, le ciel leur enverrait la même maladie.
>
> George Sand

La chambre était élégante, avec des meubles de style Empire hérités des ancêtres. Les Estrades avaient été au début du XIXe siècle des gens *éclairés* qui voyageaient. La famille compta même dans son sein un cardinal vaguement voltairien. Une baronne d'Estrada, d'origine polonaise, avait connu une aventure avec le comte d'Artois, celui-là même qui allait devenir quelques années plus tard roi de France sous le nom de Charles X. La névrose des Estrades venait peut-être de cette aïeule.

Dans les mémoires d'une certaine Mme de Forcheville, il est question des relations qu'entretint la Polonaise avec cet Artois gentil et un peu aventureux. Il serait sans doute opportun d'en transcrire un passage :

« A cette époque l'on parlait à Baden-Baden de telle aristocrate polonaise, une *merveilleuse* exotique et sensuelle, mariée à un certain baron d'Estrada, un Espagnol très peu caldéronien. La baronne passait pour élégante et un peu légère, et elle parvint à s'emparer du cœur de Monseigneur. Afin de se plier à son caprice, le prince, excellent danseur et équilibriste, dansa pour elle sur une corde tendue à une grande hauteur, sans filet ni perche, mettant ainsi en danger sa vie et le prestige du sang royal qu'il portait. Mais les aventurières n'ont pas de cœur, et c'est ainsi qu'une fois le dangereux caprice satisfait, la baronne fuit Baden-Baden et laissa le prince, comme on dit en Espagne, à la lune de Valence. »

Nous, qui connaissons Felipa et avons pu contempler dans le grand salon des Estrades le portrait de la belle Polonaise, ne pouvons pas nous empêcher d'établir des analogies entre les deux femmes, de la même manière que nous en avons trouvé entre Silvia Ocampo et George Sand. Felipa est chaste et croyante, tandis que son aïeule, d'après ce qu'on a raconté, devait en être tout l'opposé. Il demeure qu'on trouve dans les deux personnages la même cruauté et le même amour de l'impossible. Mettre en cage un être humain peut équivaloir à faire danser sur une corde de cirque un descendant de saint Louis. Des milieux différents ont produit une *merveilleuse* et une dévote, mais sous des semblants divers les deux baronnes apparaissent comme deux branches issues d'un seul et même tronc.

Il doit être sept ou huit heures du matin et l'actuelle baronne d'Estrada, enveloppée dans les draps de lin de son vaste lit Empire, se livre à ses habituelles rêveries matinales. Pour mieux y voir, elle a fermé les yeux. Elle respire profondément dans l'attente de la révélation qui ne tardera pas à se produire. Celui qui pourrait la surprendre dans ce moment la tiendrait pour une morphinomane. La première image qui se présente devant les yeux de la baronne est, comme toujours, celle d'une cage.

Nous nous trouvons sur la piste d'un cirque. Des clowns macabres riaient en anglais face à un public inexistant. Leurs voix résonnaient dans le vide. A la fin ils s'en allaient en s'applaudissant eux-mêmes. C'était alors que venait le moment fort du spectacle. A l'intérieur de la cage prenait forme la vision d'un homme brun, une sorte de brigand, peut-être un soldat qui venait de livrer une bataille. Il est tout en sueur et comme enveloppé de brouillard. Il est impossible de bien distinguer ses traits. Son corps rappelle celui du baron. Tantôt il est grand et tantôt il devient petit, il s'infantilise et alors il pourrait être son fils, ce fils que le couple n'aura pas. « Il faut lui donner à manger, pense Felipa. Je vais lui jeter à travers les barreaux les restes des plats. Je pourrais le laisser libre, mais je n'en ferai rien. Que deviendrais-je, si je ne pouvais pas le contempler chaque matin ? Et si j'essayais de le frapper ? Il est fort, et fier, alors je l'humilierais dans son orgueil. »

Elle se figurait l'effet physique des coups de bâton sur cet organisme si beau, sur cette éblouissante jeunesse, et voyait les contractions du visage et de la bouche. « Si je faisais cela, se dit-elle, je me damnerais. » La damnation éternelle, l'expiation par le feu inextinguible, lui semblaient d'une certaine façon un moyen pour obtenir la paix.

Cette idée s'enracinait en elle comme une mauvaise herbe. Depuis peu, elle ne se rendait plus à confesse. Les prêtres lui conseillaient, en suivant Pascal, de se soigner avec de l'eau bénite. Certains d'entre eux, plus modernes, la renvoyaient chez le psychiatre. Des piqûres, des calmants, une thérapeutique fondée sur l'activité ? Tout cela pour lui faire oublier ce qui constituait le seul but de sa vie ? Autant mourir.

Ces heures de somnolence précédant son lever étaient terribles et en même temps délicieuses. Elles lui laissaient l'âme toute imprégnée de poésie. C'est la raison pour laquelle, quand elle sortait, elle ne distinguait pas les gens qui la côtoyaient dans la rue, et en la voyant à un tel point abîmée dans ses pensées, personne n'osait la saluer.

Elle entra dans la cathédrale assaillie de remords et victime de sensations contradictoires. Un prêcheur haranguait les rares fidèles avec une fougue mal assortie à l'heure et à l'indifférence de l'assistance. Une fois submergée dans la pénombre de l'immense nef, elle se mit à penser à son cousin.

Son cousin l'obsédait. Parfois, quand ils venaient à se croiser dans la rue, Antoni, nullement intimidé par les dix ans de plus qu'elle avait ni par ses yeux froids et distants, ni même par son visage si beau dans sa maigreur, l'arrêtait et se permettait avec elle des familiarités aussi déplacées que de lui prendre son éventail ou son chapelet pour jouer avec eux. « Laisse donc la messe, lui disait-il, et viens à la piscine avec moi. » On ne répond pas à de pareilles propositions. La baronne changeait de conversation pour lui demander des nouvelles de sa grand-mère et de Lola.

« Toutes deux se portent à merveille. Elles sont très excitées et parlent de réunir le conseil de famille pour m'enfermer à Santa Rita. Si le conseil se réunit, dit-il en la regardant avec ironie, j'espère que tu me défendras. »

Ces mots lui avaient percé le cœur, parce que c'était elle précisément qui avait lancé l'idée. Elle s'efforça de paraître équanime et raisonnable.

« Défends-toi avec ta conduite. Si tu changes, personne n'y songera plus. »

« Et si je ne change pas ? » avait dit Antoni. Pauvre cousin, si enfant et si loyal. Changer ? Elle-même, femme accomplie et déjà mariée, serait-elle prête à renoncer à ses folies ? Il était vain de s'abuser soi-même. Elle avait consulté des ouvrages et s'était reconnue dans différents types pathologiques. Nonobstant elle refusait de se soumettre à un traitement. Elle ne voulait pas pratiquer cette fameuse « thérapeutique occupationnelle » (déchirer des chiffons ou sélectionner des semences) qui selon le psychiatre aurait pu la guérir. « Mais moi, je suis un cas désespéré, alors que lui, il est jeune, presque un enfant. Il est encore à temps, moi, non. »

Ses instigations pour réunir le conseil de famille obéissaient-elles seulement à des sentiments altruistes ? Elle-même sentait que ce n'était pas entièrement cela. Dans son désir de morigéner Antoni, il entrait autant de sentiments pieux (curieuse piété que celle d'une femme qui se croit damnée sans rémission) que de sentiments vindicatifs. Elle ne pouvait pas souffrir que son cousin trouvât du plaisir, non pas dans des occupations coupables, mais dans d'autres aussi innocentes et salutaires que, par exemple, de nager dans une piscine. Il paraissait raisonnable qu'elle s'opposât à ses relations avec Silvia Ocampo, qui scandalisaient toute la ville. La baronne n'avait pas à rougir de montrer envers son cousin des sentiments tout naturels, explicables par le simple désir de lui faire du bien. Mais elle aurait eu de la peine à en justifier d'autres plus troubles.

Du haut de la chaire, l'orateur sacré pontifiait, passant des notes les plus graves aux plus stridentes et aiguës. Il traitait précisément de la damnation éternelle. Felipa se distrayait en écoutant toute l'affaire du méchant Judas qui, à l'inverse de Jean l'Evangéliste, si tendre, ne parvint jamais à obtenir l'amour du Christ. Judas était un réprouvé, mais pouvait-il en être autrement, puisqu'il n'avait jamais réussi à croire que le Christ était le fils de

Dieu ? Judas représente la trahison parce qu'il symbolise l'absence d'amour et de foi. Aurait-il vendu le Christ pour trente pièces de monnaie s'il avait réellement cru en lui ? Felipa ne croyait pas non plus à la vie, elle ne croyait ni à l'amour, ni aux plaisirs terrestres, ni à ceux du ciel. Un je-ne-sais-quoi lui faisait défaut, qui l'empêchait de percevoir le plaisir et la vie, comme un instrument auquel il eût manqué des cordes pour vibrer. « Je suis cruelle, pensait-elle, parce que je me sens malheureuse. Ma piété est un mythe, je ne pratique même pas les sacrements. Je n'ai aucun espoir dans la bonté de Dieu et il n'y a pour moi que de la douleur et de la noirceur. Antoni est plus croyant que moi. »

La réunion du conseil de famille, fixée pour le mercredi prochain, avait été organisée à son instigation. Elle avait tout disposé dans les ténèbres comme l'araignée tend ses fils. Sur sa chaire le prêtre décrivait Judas guettant le moment de livrer son divin Maître. On avait décidé que le conseil de famille se tiendrait chez le docteur Monteleón. Elle refuserait d'y assister et ne changerait d'avis qu'au dernier moment, tout en tâchant d'y arriver la dernière. « J'ai agi comme une hypocrite, se disait-elle. En profitant du caractère influençable de Mme Maria, je lui ai fait croire que l'idée venait de son mari. Lui-même en est persuadé à présent. Rien ne m'a arrêtée pour créer dans la famille un climat favorable à la réclusion d'Antoni. J'ai menti et calomnié, j'ai volé un collier et l'ai porté à une gourgandine pour qu'au grand jour elle le rende accompagné d'une lettre dictée par mes soins. » Un cri terrible interrompit alors ses pensées. Le prêcheur venait d'envoyer Judas dans le brasier éternel. La messe était finie. La baronne quitta le temple par le portail des Agonisants. Devant elle s'étendait la mer, très bleue. A sa droite, la colline de Sant Damas, couronnée par le plus parfait et le moins féodal des châteaux gothiques. Au pied de la colline se trouvait la piscine où

Antoni devait nager à cette heure. Majorque, lumineuse île latine, sans tracas ni angoisses, paradis terrestre antérieur au serpent...

La baronne s'arrêta à contempler la mer. Un prêtre la salua courtoisement, c'était celui qui tantôt exécrait Judas.

« Belle journée, madame la baronne. Quelle douceur dans l'air, quel bienfait de Dieu.

— Mon père, lui demanda-t-elle en l'arrêtant, jusqu'à quel point peut-on tenir pour sûre la damnation de Judas ? »

Il la regarda avec étonnement. Quelqu'un avait donc écouté son sermon ?

« Dieu est miséricordieux » murmura-t-il.

Elle le regardait avec ses yeux froids et splendides comme des émeraudes.

« Vous venez de nous prêcher qu'il ne le fut point avec Judas.

— Judas est un cas à part. Le baiser pour consommer sa trahison outrepassa la méchanceté humaine. Après cela, il ne pouvait trouver un semblant de paix que dans la punition. »

La baronne s'en fut lentement vers sa demeure. Sans avoir lu ni Balmes, ni Pascal ni Dostoïevsky, elle pensait que la punition était une chose « qui était due » au pécheur, quelque chose dont il « avait besoin » pour parvenir à la seule paix encore possible après son crime. Elle se rappela soudain que tout cela rejoignait les théories mystiques que le baron, durant le premier avatar de sa névrose, avait essayé de lui inculquer. Mais avant d'être arrivée à la maison, qui était toute proche, elle avait déjà renoncé à l'idée de parler avec son mari.

XX

Le conseil de famille

> Les nobles sont riches quant au fonds, indigents quant au revenu et ruinés grâce aux emprunts. Les Juifs, qui sont nombreux et riches en argent comptant, ont toutes les terres des chevaliers en portefeuille et l'on peut dire que de fait l'île leur appartient. Les chevaliers ne sont plus que de nobles représentants chargés de se faire les uns aux autres, ainsi qu'aux rares étrangers qui abordent dans l'île, les honneurs de leurs domaines et de leurs palais. Pour remplir dignement ces fonctions élevées, ils ont recours chaque année à la bourse des Juifs et chaque année la boule de neige grossit. J'ai dit précédemment combien le revenu des terres est paralysé à cause du manque de débouchés et d'industrie ; cependant il y a un point d'honneur pour les pauvres chevaliers à consommer lentement et paisiblement leur ruine sans déroger au luxe, je ferais mieux de dire à l'indigente prodigalité de leurs ancêtres... Dans vingt ans il n'y aura plus de seigneurie à Majorque.
>
> George Sand

En 1838 George Sand prophétisa qu'en l'espace de vingt ans il ne resterait plus un seul noble à Majorque. En 1935, Silvia Ocampo fit la même prédiction. Même sur ce point, toutes deux s'accordaient. Mais les seigneurs majorquins, bien que criblés de dettes pour quelques-uns, ont survécu aux deux prophétesses.

Certains d'entre eux allaient précisément se réunir en conseil de famille pour débattre de ce qu'il convenait de faire afin de séparer Antoni de cette femme que la ville tenait en horreur.

L'idée de réunir un conseil de famille obsédait Felipa, qui pour y parvenir avait menti, calomnié et volé, mais qui à présent, alors que la réunion était imminente, hésitait. C'était pour sauver son cousin, disait-elle à part soi dans ses délires, tandis que dans son imagination se dressait à nouveau la figure du cardinal de la Belue, enfermé dans une cage par un roi du Moyen Age qu'on pourrait trouver cruel ou miséricordieux selon la manière de voir. Les jours qui la séparaient encore du mercredi, elle les vécut dans une agitation constante. Le dimanche en fin d'après-midi, ne pouvant plus tenir sans nouvelles, elle envoya chercher Lola sous le prétexte qu'elle se trouvait mal.

Grâce à sa cousine, elle apprit exactement qui en ferait partie : Mme Remei, la grand-mère, le docteur Monteleón et sa femme, chez qui la réunion aurait lieu, un grand-oncle qui se prénommait Lluis et était célibataire et extravagant, les Sant-Simon, et, bien entendu, Lola elle-même.

« Si je me trouve dans le même état qu'aujourd'hui, s'excusa la baronne, je crains fort de ne pas pouvoir y assister.

— Ce serait très ennuyeux pour moi, répliqua la cousine ; je m'y trouverais presque seule. Grand-mère et les Sant-Simon n'ont pas toute leur tête et tante Maria, tu sais bien que c'est une honnête femme mais qu'elle n'a aucune indépendance de jugement. Il semblerait que l'oncle voudrait reparler du collier. A quoi bon, mon Dieu, puisque le bijou a été récupéré ? »

Felipa se taisait.

« Viendras-tu ?

— Je ferai tout ce que je pourrai pour y aller. »

Elle fut la première arrivée. Mme Maria la reçut avec de grandes effusions dans le grand salon, où se trouvait le fameux paravent de Coromandel. Elle avait mis des fleurs dans les vases et allumé toutes les lampes. La dame faisait des efforts pour faire paraître une mine de circonstance, mais en réalité elle était au comble du bonheur, car un conseil de famille n'était pas chose ordinaire et celui-ci, lui semblait-il, faisait grand honneur à la sienne. Son mari avait mis la cravate la plus chère d'Espagne et affichait cette attitude grave qu'il croyait si britannique. Il s'enquit de la santé du baron.

« Comme à l'accoutumée », murmura Felipa.

Il y avait quinze ans passés qu'elle ne répondait pas autrement. A force de répéter la même phrase, celle-ci s'usait et se vidait de tout son sens. L'air absent qu'elle prenait pour la dire était une des choses qui avaient le plus contribué à lui donner cette distinction que tout le monde s'accordait à lui reconnaître. Silvia Ocampo avait dit à Antoni : « Ta cousine est distinguée comme un lévrier russe parce qu'elle n'a ni cœur ni intelligence. » Silvia Ocampo était très savante mais n'était pas tenue de tout savoir. George Sand aussi, avait décrété en 1838 qu'avant vingt ans toutes les terres des seigneurs majorquins — qu'on appelait chevaliers à l'époque — seraient passées entre les mains des *xuetes**. D'autre part, la psychologie féminine ne l'intéressait guère, tandis que le baron invisible la faisait rêver. Comment était-il ? Quel âge avait-il ? Selon Antoni, « il était très vieux ». Vieux ? « Oui, il avait plus de quarante ans. » Mais quarante ans, pour Silvia, c'était la pleine jeunesse. Etait-il beau ? Antoni hésitait. Il ne le savait pas. « Il était grand, très grand, large d'épaules et aux yeux clairs comme ceux de sa femme. » Et pourquoi le tenait-on enfermé ? Non, on

* *Xuetes*, en castillan *chuetas* : descendants des Juifs majorquins médiévaux. (N. des T.).

ne le tenait pas enfermé, c'était lui-même qui se cloîtrait. Mais pourquoi ? « Parce qu'il était très spécial, parce que c'était un excentrique. » On en revenait toujours au même, à cette phrase commode qui n'explique rien car elle prétend tout expliquer.

M. Lluis, ce grand-oncle célibataire de Lola et d'Antoni, arriva, l'air sceptique et cynique. Il ne ressemblait à personne de la famille.

« Eh bien, que veut dire cette plaisanterie de conseil de famille ? »

Ce furent ses premiers mots. Le docteur Monteleón protesta dans un souffle. Il ne s'agissait pas d'une plaisanterie, dit-il, mais d'une affaire très sérieuse. Antoni, par sa conduite, était en train de semer le scandale dans tout Majorque.

« Mais, n'es-tu pas son tuteur ? Alors envoie-le à Santa Rita et ce sera réglé. »

A ce moment les octogénaires Sant-Simon arrivèrent, tirés à quatre épingles, très affables dans leur vieillesse à la mémoire défaillante, très heureux, très bien élevés. Pour eux, la vie avait été douce et, rendant général ce qui peut-être n'était qu'une exception, ils pensaient, comme le docteur Pangloss, que notre planète était le meilleur des mondes. Ils y croyaient si fermement, qu'on les prenait pour des idiots. A Palma, ils étaient très bien considérés. Tout y contribuait : leur lignage, et surtout leur âge. La qualité de leur lignage était irréfutable puisque leur famille comptait cinq ivrognes, deux escrocs et un sadique. Cependant, celle-ci conservait toute sa pureté, car les transgresseurs purgeaient leur peine en prison ou bien demeuraient enfermés dans un asile, à l'écart de toute activité sociale, réduits à une complète inexistence. Pour ce qui est de leur fortune, elle allait en diminuant, comme cela était la norme dans toute grande famille majorquine digne de ce nom, et ceci malgré leur manque d'idées pour la dépenser. Ce sont des mystères de la noblesse de l'île où l'on se perd. Quant à leur âge, tous les douze mois ils pouvaient compter sur une année supplémentaire et sur l'accroissement correspondant de leur prestige. Que peut-on trouver à Majorque de plus honorable que de s'appeler Sant-Simon et d'être plus qu'octogénaire ?

Lola venait de leur communiquer que grand-mère n'assisterait pas à la réunion parce qu' elle avait pris froid. A vrai dire cela valait mieux ainsi, car Mme Remei, ces derniers temps, n'était plus dans son assiette. Lola, pour sa part, était en principe hostile à la tenue du conseil de famille, mais n'osait pas le dire devant ses oncles les Monteleón qui attendaient tant de cette réunion. Mme Maria, au fur et à mesure que les gens arrivaient, prenait un air de plus en plus affligé, de plus en plus en accord avec les circonstances, tandis que son mari murmurait des salutations, d'une voix si basse, d'une façon si britannique, qu'on avait du mal à le comprendre. Mais ce n'était qu'un préambule : dans toutes les occasions importantes, il commençait par se sentir britannique ; ensuite, le malaguègne qui était caché en lui refaisait progressivement surface. Lorsqu'il salua les Sant-Simon, il leur demanda des nouvelles de leur santé en des termes tellement recherchés et d'une voix si feutrée, que la vieille dame, à demi sourde comme son mari, n'y comprit pas un mot. A la fin il dut se résoudre à crier :

« Comment va-t-elle, cette santé ?

— Beaucoup mieux, répondit la dame, et je l'attribue à l'eau de Lourdes que Maria m'a envoyée.

— Ne pourriez-vous pas me l'attribuer à moi, qui ai si bien su diagnostiquer votre aortite ? »

La vieillesse est éclectique ; la dame répliqua sans perdre son sourire :

« Je te l'attribue aussi, mon garçon. Je te l'attribue par médiation de la Sainte Vierge. »

Cependant, son mari, qui, ainsi que nous l'avons dit, était sourd et de surcroît avait toujours fui la moindre tragédie, adressait quelques phrases optimistes à la maîtresse de maison :

« Je suppose, dit-il, que l'affaire – dont il ne se souvenait plus au juste – pourra être résolue à la satisfaction de tous. »

M. Lluis, qui l'avait entendu, eut le toupet de dire tout haut en guise de commentaire qu'il faisait une bien mauvaise supposition.

« Mauvaise ? » Et le vieillard souriait en découvrant le plus juvénile des râteliers. « Vous dites mauvaise ?

– L'affaire va finir par la réclusion d'Antoni à Santa Rita.

– A Santa Rita ? Et pourquoi ? Qu'est-ce qu'il a fait ?

– Ce que fait la jeunesse, qui veut s'amuser, dit Mme Maria.

– Je parie qu'il aime le théâtre.

– Si ce n'était que cela...

– Et danser aussi, sans doute, hasarda Mme de Sant-Simon avec perspicacité.

– Oui, ma tante, il aime aussi danser », répondit Mme Maria. « Sont-ils naïfs ! pensa-t-elle. Est-il possible qu'à leur âge je devienne d'une pareille niaiserie ? Non, je ne le crois pas. » Et elle se regarda dans un miroir.

« Bon, résuma la vieille dame, envoie-le moi à la maison et je lui tirerai les oreilles. »

Près d'un balcon, Monteleón dialoguait avec M. Lluis et Lola.

« Ce serait juger sans connaissance de cause, Lluis. Je ne m'oppose pas à la réclusion d'Antoni dans une maison de redressement, assurait-il pour faire montre de son équanimité, mais je dis que je n'en accepte pas tout seul la responsabilité. Si le conseil de famille tranche en faveur de la maison de redressement, alors, moi, en tant que tuteur, j'appliquerai cette décision.

— Mon Dieu, intervint Mme Maria, mais c'est un garçon charmant.

— Pour moi, dit Lola, cette affaire de maison de redressement, franchement... »

Les deux octogénaires, qui par miracle avaient saisi ce dernier mot, s'écrièrent :

« Pour l'amour de Dieu... la maison de redressement ?

— Ce n'est pas aussi grave ! »

La baronne contemplait la scène depuis un coin sans intervenir. A présent elle détestait M. Lluis, l'oncle cynique et célibataire qui — situation hélas fréquente en ce bas monde — était en train de défendre avec le plus de conviction l'idée de faire enfermer Antoni à Santa Rita. « Pauvre Antoni, pensait Felipa, c'est une infâmie que de l'enfermer à son âge, alors qu'il commence tout juste à vivre. » Elle se recroquevilla dans son fauteuil et ferma les yeux. Dans sa tête il commençait à se dessiner une cage. « Je suis damnée », pensa-t-elle. Lorsqu'elle rouvrit les yeux, elle entendit la voix de Monteleón :

« Procédons par ordre, si nous voulons nous entendre. Réfléchissons, car le jeu en vaut la chandelle. »

Sa voix de baryton s'exprimait avec une dignité très appuyée.

« Parle donc, que diable, reprit M. Lluis, je crois que tout le monde est là. »

Non, tout le monde n'était pas encore arrivé. Il manquait, informa le docteur, le personnage le plus important. Cela provoqua l'expectative générale, car personne n'était au courant. Monteleón, amusé par la situation qu'il venait de créer, s'en expliqua avec force détours :

« Voyons, moi, compte tenu que l'affaire peut être considérée sous différents points de vue...

— Cela ne va pas, interrompit M. Lluis, si l'on commence à multiplier les points de vue, ceci finira en Tour de Babel.

— Qu'est-ce qu'ils disent sur la vue? demanda Mme de Sant-Simon.

— Dans une affaire comme celle qui nous occupe, poursuivit le docteur, il y a toujours deux facteurs: "lui" et "elle". Pour ce qui est de "lui", nous le connaissons tous: c'est un garçon qui a des qualités de tout premier ordre, malgré son égarement présent. "Elle", en revanche, nous ne la connaissons absolument pas et ne savons pas comment la juger.

— Ne sais-tu pas, s'écria l'oncle cynique, comment on appelle en majorquin une femme qui se conduit d'une certaine façon?»

Du reste, même en laissant de côté cette délicate question de vocabulaire, quel intérêt pouvait bien revêtir l'étude de cette dame? Ne suffisait-il pas de constater le scandale qu'elle avait soulevé cet été à Majorque?

«La façon d'être de cette personne, reprit le docteur, sa réputation, son histoire, peuvent avoir de l'intérêt en vue d'une solution du conflit.

— Comment? interrogea M. Lluis. Est-ce que tu voudrais les marier? Une femme divorcée qui a au moins cinquante ans!

— Ce que je voudrais, dit Monteleón sans se donner la peine de discuter cette question chronologique, c'est trouver une manière discrète de la convaincre de disparaître.

— Tu as parfaitement raison, intervint M. de Sant-Simon. Paix et harmonie. De l'harmonie par-dessus tout.

— Sans harmonie, dit Mme Maria, comme si elle énonçait un axiome, il est impossible de s'entendre. Qu'en penses-tu, Lola? Mais quel embrouillamini, que cette affaire. La scène du paravent a été le scandale le plus grand qu'on ait vu dans cette maison.

— Il faut que vous sachiez, expliqua le docteur Monteleón aux Sant-Simon qui l'ignoraient, qu'après le récital, à deux heures du matin, ils s'en allèrent tous les deux à l'hôtel et lui n'en sortit que le lendemain à onze heures du matin. Je suis au courant de tout. C'est mon devoir puisque je suis son tuteur et je dois surveiller ses agissements. Ils eurent le toupet de demander un petit déjeuner pour deux : deux cafés au lait accompagnés des toasts correspondants, que la femme de chambre dut leur porter au lit. Je sais tout cela par le concierge de l'hôtel. »

Il y avait en outre l'histoire du collier.

« Mais mon oncle, dit Lola, tu m'avais promis qu'on ne l'évoquerait pas, puisque le collier a été retrouvé. »

Felipa, dans son coin, écoutait et se taisait, ou peut-être n'écoutait-elle même pas.

« Avant de prendre une décision précipitée, dit Monteleón en exagérant la gravité du ton, il m'a semblé prudent de consulter quelqu'un jouissant du plus grand prestige à Majorque. D'un commun accord, ma femme et moi avons donné rendez-vous au marquis de Collera, universellement connu pour sa droiture et son discernement, et qui de plus connaît Mme Ocampo puisqu'il l'a reçue chez lui. »

Tous se regardèrent. C'était un coup de théâtre auquel personne ne s'attendait. Monteleón ressemblait à un illusionniste qui serait venu sortir un lapin du chapeau d'un spectateur. Tous, excepté M. Lluis, trouvèrent l'idée excellente.

« Collera est un sage, dit M. de Sant-Simon.

— Il a un talent fou, renchérit sa femme.

— Mais, opposa M. Lluis, qu'est-ce que Jacob vient faire dans une affaire interne concernant notre famille ? »

Il se produisit un murmure de désapprobation. Que disait M. Lluis ? Précisément, puisque le marquis n'appartenait pas à la famille (et encore ceci était-il discutable, car il devait bien exister un lien de parenté plus ou moins éloigné), il pouvait envisager l'affaire avec plus de sérénité que quiconque. M. de Sant-Simon pensait que là où Collera ne réussirait pas, personne n'y parviendrait.

Le marquis de Collera passait à Majorque pour le politicien le plus habile du règne d'Alphonse XIII. Il avait abandonné la politique provisoirement en 1923 à cause du coup d'état de Primo de Rivera et il continuait à s'en tenir à l'écart en raison de la proclamation de la République en 1931. La IIe République espagnole, élaborée scientifiquement dans la demeure d'un docteur renommé et étayée par le prestige international d'Ortega y Gasset, était en théorie parfaite. Elle avait commencé par décréter que l'Espagne serait une « république des travailleurs » — mais elle ajoutait prudemment : « de toutes les classes » —, mais nous les Espagnols, continuions à ne pas trop nous éreinter au travail, sûrs qu'un jour nous décrocherions le gros lot et que le marquis de Collera, ce savant latiniste et archéologue qui s'était si bien fait remarquer du temps de Mme Obdulia Montcada, déciderait de revenir aux affaires pour mettre de l'ordre dans ce chaos. Tout serait arrangé, le moment venu, par cet homme illustre qui, d'après ce qu'on disait, allait devenir ministre de l'Intérieur et que certains journaux commençaient à appeler « l'ami du peuple ». Monsieur Jacob, lorsque son heure sonnerait, allait tout arranger. Il empêcherait qu'on ne brûle les églises et surtout, qu'après les églises, les masses ne brûlent les banques. Nous n'avions rien à faire, car Monsieur Jacob ferait tout. Tout ce que nous pourrions faire pour aider à la régénération du pays, ce serait de lui offrir un banquet le jour de sa victoire.

« Ce n'est qu'un combinard, blasphéma M. Lluis. Il a fait toute sa carrière politique en passant de la pommade. « Ami du peuple » et en même temps « Grand d'Espagne » ? Allons donc, comment peut-on faire prendre cette mayonnaise ?

— Le marquis a déclaré tout récemment dans un

entretien accordé à la presse, rappela Monteleón, que de ces deux titres, il préfère celui d'« ami du peuple ».

Dans son fauteuil, Felipa tentait de démêler l'écheveau très embrouillé de ses méditations. Elle était rongée de remords. Elle pensait à Judas, à Caïn qui avait tué son frère par jalousie. Mais pourquoi enviait-elle son cousin ? « Parce qu'il croit à la vie et moi non. » Mais est-ce que la conduite d'Antoni n'était pas abominable ? Il vivait en état de péché mortel face à toute la ville de Palma et devait donc être puni. Il fallait l'enfermer. Dans une cage de fer où on lui jetterait des morceaux de pain entre les barreaux ? Felipa savait que ce qu'elle ressentait avait pour nom sadisme. L'image du cardinal de la Belue qu'elle avait découverte au musée Grévin de Paris était restée gravée dans son imagination. Mais la justice ne serait-elle que vengeance ? Une vengeance juste, si l'on veut. « Alors, se disait-elle dans son délire, péché et vertu, c'est à peu près la même chose. » Où trouver un théologien ou un avocat assez subtil pour pouvoir trancher ? Ses parents, réunis en conseil de famille dans ce salon des Monteleón qui avait été témoin du début du scandale, parlaient de M. Jacob Collera comme de la seule personne capable de tout résoudre : la crise de la ville, le chômage, la sécheresse, les accidents de la route, les catastrophes ferroviaires, la régénération d'Antoni... Un seul homme pouvait-il tout redresser sans d'autres armes que la parole ? « Au commencement était le Verbe. » Un nouveau miracle serait-il possible ? La parole, le Verbe, avaient créé le monde et à présent il ne s'agissait, mon Dieu, que de l'arranger un peu. Quand viendrait-il, l'ange annonçant l'arrivée de l'Homme ?

XXI

L'Homme paraît

> Il est certain cependant, et je le sais aussi bien qu'un autre, que ce qu'on voit ne vaut pas toujours ce qu'on rêve. Quant à moi, soit que j'aie l'imagination paresseuse à l'ordinaire, soit que Dieu ait plus de talent que moi (ce qui ne serait pas impossible)...
>
> George Sand

Un valet — ce n'était pas exactement un ange — annonça l'arrivée de l'Homme. Les lustres du salon paraissaient briller davantage et tout comme au cirque, lorsque le moment fort du spectacle approche, le silence se fit.

Le marquis, habillé en bleu marine, octogénaire, avec un monocle, un gardénia à la boutonnière, faisait le baise-main aux dames. Il était grand, presque herculéen, aimable, vieil athlète mâtiné de jeune premier déjà mûr, thaumaturge et ex-ministre. La baronne le regarda anxieuse : était-il vraiment le magicien qui devait résoudre ce qui n'avait pas de solution ?

Les miracles de cet homme prodigieux s'accomplissaient toujours par l'intermédiaire du Verbe. Une fois les salutations échangées, le docteur andalou se borna à dire avec un laconisme britannique :

« Quand vous voudrez, monsieur le marquis. »
Collera répondit par une légère inclination.
« Je suppose, dit-il, que tout le monde est au courant.
— Absolument, répondit Mme Maria.
— Au courant de quoi ? demanda monsieur de Sant-Simon.
— De l'affaire d'Antoni, mon oncle. Pardon, ma chère enfant, ajouta-t-elle en s'adressant à Lola, ton frère est un excellent garçon, un gosse, mais sa conduite...
— La conduite d'Antoni ? se hasarda à dire Sant-Simon. En effet, j'ai entendu quelque chose là-dessus.
— Peut-être, dit le marquis, ne serait-il pas mauvais de procéder à un rappel historique.
— C'est cela, Collera, acquiesça Mme Maria. Il faudrait que vous nous donniez quelques explications. Nous serons ravis de vous entendre..
— Ce que je puis vous dire est bref et je tâcherai de ne pas être lassant. En premier lieu, je dois vous expliquer pourquoi je me trouve ici, parmi vous. L'affaire qui me vaut cet honneur (et je dirais ce plaisir, si la situation le permettait) n'a, par ailleurs, rien d'étrange, dès lors qu'il s'agit d'un garçon de vingt ans ; c'est sans doute une affaire délicate. Rien d'anormal, ni même de grave ou de dangereux, mais simplement une affaire délicate. Le respect, ou plutôt la vénération que m'inspirent ces dames qui m'écoutent, m'oblige à prendre certaines précautions oratoires avant que d'aborder un sujet épineux...
— Epineux ? » demanda M. de Sant-Simon.
« Toujours délicat, toujours courtois, pensa Mme Maria ; " épineux ", c'est très bien dit. »
« Dans cette réunion, poursuivit le notable, on décide de l'avenir d'un garçon qui n'a pas encore atteint ses vingt ans, et de l'honneur d'une dame qui probablement a doublé le cap de la trentaine — le grand homme était galant. L'affaire présente donc deux visages, comme Janus. »

« L'honneur d'une dame ? Quel âne, dit M. Lluis à part soi, et c'est lui qui doit régénérer l'Espagne ? »

Tous étaient suspendus au discours du marquis. L'allusion à « l'honneur d'une dame » plut beaucoup aux femmes. La citation classique fit sourire d'aise la maîtresse de maison : elle avait entendu parler de Janus, ce nom lui disait quelque chose et elle n'en attendait pas moins d'un homme comme Monsieur Jacob, qui était à la fois « gentilhomme et latiniste », selon les mots si justes d'Aina Cohen. Son mari l'apprécia également et voulut se l'approprier :

« C'est ce que je disais : deux visages, comme Janus.

— Non, Monteleón, lui lança M. Lluis à voix basse, je te demande pardon, mais tu n'avais jamais parlé de Janus.

— Antoni, poursuivit Collera, vous le connaissez mieux que moi. Il n'est donc pas nécessaire que je vous en trace le portrait moral. »

Mais entraîné par les habitudes acquises jadis, durant cinq lustres de vie parlementaire, il commença de le faire. Antoni était, comme tant d'autres jeunes gens, écervelé, enclin à se laisser emporter par la passion ou, dans une tonalité mineure, par les caprices. Capable aussi bien de vertus que de vices, il était, à proprement parler, comme une « page blanche ».

L'art oratoire de Collera était fait de lieux communs et il en avait conscience. Cette rhétorique lui avait valu des succès politiques et mondains. Il savait où et quand s'en servir. Les Monteleón écoutaient avec satisfaction. Lola se félicitait de ce qu'il ne se montrât point trop sévère envers Antoni. Les deux octogénaires Sant-Simon qui, nous l'avons déjà vu, étaient à demi sourds, approuvaient les mots de l'orateur, octogénaire comme eux, mais encore en forme. Les lieux communs sont un sédatif pour l'esprit. Vivre de phrases toutes faites, c'est doux. Elles sont indispensables aux politiciens de notre époque. Mme Maria soupirait, mi-peinée, mi-satisfaite :

« Il a parfaitement raison. C'est ainsi.

— Si nous nous en tenons maintenant à Mme Ocampo, poursuivait Collera, je dois déclarer ceci : le 9 avril de l'année en cours, il y a trois mois et sept jours, je reçus cette lettre de notre ambassadeur en Argentine, que je vous soumets : « Bien cher ami, j'ai le grand honneur de vous présenter Silvia Ocampo, l'insigne écrivain, qui se trouve à Majorque pour préparer un livre sur l'île et pour admirer les beautés de ce pays, patrie de Ramon Llull, de Gabriel Alomar et de Llorenç Villalonga, mais surtout du marquis de Collera... »

Ici, le marquis, par modestie, passa sous silence quelques éloges qui lui étaient adressés et poursuivit la lecture de la lettre :

« Pendant le temps où j'ai eu l'occasion de fréquenter Mme Ocampo, mon épouse aussi bien que moi-même, nous avons pu apprécier sa grande culture, son talent hors du commun ainsi que son intéressante personnalité. Souvent, dans mes activités littéraires, bien modestes en vérité, j'ai dû avoir recours à ses lumières... »

Une fois la lecture de la lettre finie, Collera continua :

« Chers amis, il était nécessaire de vous expliquer les circonstances qui m'ont conduit à fréquenter Mme Ocampo et à la recevoir chez moi.

— Qui est Mme Ocampo ? » demanda Mme de Sant-Simon.

Tous la regardèrent. En plein gâtisme, la vieille et son mari commencèrent un aparté :

« C'est un écrivain, lui dit son mari, c'est-à-dire qu'elle tape à la machine et sert de conseillère à Jacob, qui la consulte.

— Jacob a-t-il besoin de ses avis ? »

Lola se permit d'insinuer qu'il serait plus intéressant de connaître les raisons qui l'avaient poussé à ne plus la recevoir plutôt que celles qui l'avaient décidé à l'accueillir. Le notable répondit évasivement, mais avec une sobre élégance :

« Mme Ocampo cessa de venir à la maison. »

Lola comprit la leçon. La grandeur de Collera s'accrut encore un peu plus aux yeux de tous. Il poursuivit :

« Si je fais ce rappel historique, c'est afin de justifier ma présence ici, puisque, n'étant pas de la famille, c'est au seul fait d'avoir connu et fréquenté cette dame que je dois l'honneur de me trouver parmi vous. »

« Le talent uni à la modestie », en avait dit, du temps de Mme Obdúlia, Aina Cohen. A présent, transformé en « ami du peuple », il était modeste aussi, mais les Monteleón devaient souffrir de s'entendre dire qu'il n'avait aucun lien de parenté avec eux, alors qu'ils ne cessaient d'affirmer le contraire. Pour cacher son émotion, le docteur ne trouva pas d'autre issue que de se montrer aimable et modeste :

« Non, monsieur le marquis, l'histoire de Mme Ocampo nous intéresse, bien entendu, mais c'est votre avis qui nous importe le plus. Je n'admets absolument pas que vous soyez parmi nous pour la seule raison d'avoir connu la poétesse, car vous y êtes de plein droit. Vous êtes notre parent à tous, puisque vous êtes le père de Majorque. »

On entendit un murmure d'approbation à peine entamé par la seule exception de M. Lluis. Le marquis, ému, résuma le sentiment général :

« Vous m'honorez trop, dit-il. J'ai simplement vécu un peu, voilà toute ma science. Vivre, c'est d'une certaine façon transiger. La vie m'a appris à faire face aux événements comme les navires dans la bourrasque : *fluctuat nec mergitur*. »

C'est la devise de la ville de Paris, comme certains lecteurs le savent peut-être, et Collera l'avait toujours présente à l'esprit, mais M. Lluis marmonna :

« Oui, voilà le système de la pommade. Quel combinard ! »

Le marquis se laissait aller à présent à des divagations sur la vraie justice. La justice, comme bien d'autres valeurs authentiques, possède ses succédanés. Il existe la vraie justice et « l'autre ». Lui, il voulait parler de la véritable, de celle que le « vulgaire » connaît mal. La vraie justice est rare et seule une minorité d'élus peut l'appréhender. Aussitôt il dévia sur la bienveillance. En tant que bon libéral, il préférait voir dix criminels en liberté plutôt qu'un seul juste en prison. Mme Maria, en entendant les « dix criminels en liberté », fit grise mine. Elle n'aimait pas se savoir exposée à être assassinée dans la rue.

« Malheureusement, intervint le docteur Monteleón, le cas d'Antoni ne présente aucun doute. »

Et il se mit à raconter « la scène du thé ». Mme Ocampo avait eu le front de les inviter, lui et sa femme ; il avait tenu à s'y rendre, un instant, vers la fin de la soirée, juste pour « se faire une idée », car tel était son devoir de tuteur :

« Je les ai trouvés en pleine bacchanale.

— Un canal ? demanda Mme de Sant-Simon à son mari, quel canal ?

— Mais non, voyons, lui répondit-il, ils parlent d'une dame qui prenait le thé. »

Monteleón décrivait à présent tout ce qu'il avait vu à cette occasion. Il assura que Mme Ocampo l'avait reçu « d'une manière agressive ».

« Naturellement, dit Mme Maria, puisque tu venais troubler sa fête.

— Antoni par terre, en bras de chemise et sans cravate, ivre mort... »

La baronne ouvrit les yeux et le regarda avec stupeur.

Mais il y avait encore plus grave. Il y avait pire, et à l'heure qu'il était tous le savaient à l'exception des Sant-Simon. Il y avait eu le scandale produit par l'incident survenu entre Antoni et Francisco Deza. Tout Palma en parlait, mais les versions divergeaient.

« Revenir sur cette affaire me gêne au plus haut point, dit le docteur Monteleón. Je n'ai appris cela que par des rumeurs et peut-être ai-je été mal renseigné. »

Il y eut un silence tendu.

« J'ai entendu dire, fit le marquis de Collera, qu'il l'a pris au collet en plein café.

— Ils se sont collés ? De qui parle-t-on à présent ? demanda Mme de Sant-Simon. »

Le docteur s'évertua à expliquer par des périphrases ce qu'il était délicat de commenter, surtout en présence de dames, mais il s'en sortit avec tant de délicatesse qu'elles purent feindre de ne pas le comprendre. Collera se montrait fort surpris, car il tenait Francisco Deza pour un garçon de talent, d'une éducation exquise, et il ignorait tous ces travers qu'on lui attribuait.

« Quoique à vrai dire, je le connais à peine, ajouta-t-il.

— Moi, je le connais, dit Mme Maria, car il a dîné une fois à la maison. Ensuite, comme les gens sont si malveillants et qu'on commençait à rapporter certaines choses sur son compte... On a beaucoup jasé, et sans que j'en sache le pourquoi — puis elle ajouta, sans prendre garde que cela s'accordait mal avec sa prétendue ignorance — mais je n'en crois rien. »

Tous assurèrent courtoisement que, comme elle, ils n'en croyaient pas un traître mot.

« Ce sont des choses si désagréables, que le mieux est de ne pas y ajouter foi, résuma Monteleón. C'est beaucoup mieux ainsi. »

Après avoir fait montre de ce scepticisme de bon aloi, on pouvait passer aux potins. On disait que Francisco Deza avait servi de modèle à Hertz pour son fameux tableau de la *Vénus morphinomane*. Mais les avis étaient partagés à propos de cette peinture. Il se posait l'éternel problème : était-ce de l'art ? Oui, de l'art décadent, mais néanmoins de l'art.

« C'est un tableau magnifique.

— C'est un tableau ridicule.

— Non, Lluis, je te demande pardon, mais tu n'y comprends rien. »

Lorsque le débat se fut suffisamment embrouillé, Monteleón se mit à parler du martyre d'Oscar Wilde.

Monsieur Lluis, qui était incorrigible, affirma qu'il ne voyait aucune différence entre Oscar Wilde et un certain homme du peuple, très connu à Palma à cette époque, et qu'on appelait, bien qu'il fût un homme, Maria Rosa.

« Ils sont pareils, décréta-t-il, à ceci près, que l'un vend des billets de loterie dans la rue et l'autre a écrit... — il hésita — *Les Caves du Vatican*. »

Il craignit d'avoir lâché une énormité mais reprit son assurance en voyant que personne n'opposait d'objection. Le marquis tenta de reprendre le fil de la conversation en disant qu'à la rigueur il admettait Picasso.

« On ne peut pas contester qu'il soit un révolutionnaire ni qu'il ait marqué la sensibilité de notre époque. Quant à Hertz et son modèle, je ne les fréquente pas, mais ils m'intéressent en tant qu'artistes d'avant-garde. Mais revenons à Antoni, dit-il en s'adressant à Monteleón. Est-ce que Hertz vous a informé personnellement de cette rixe de café survenue entre Antoni et Francisco Deza ?

— Moi ? non, répondit Monteleón, mais...

— Alors, docteur, il n'en faut rien croire. Ce sont des cancans colportés par des gens qui n'ont rien de mieux à faire.

— Quel intérêt peut bien avoir une bagarre entre des gosses ? dit Mme Maria. Si l'histoire avec la Ocampo était aussi simple... »

La baronne suivait la conversation sans s'en mêler, comme si elle l'entendait enveloppée dans un nuage. Les rumeurs sur la raclée qu'Antoni avait infligée à Francisco Deza en plein café à l'heure de la plus grande affluence, lui étaient parvenues de très loin et déformées par les nombreuses versions contradictoires. Compte tenu de la réputation de Francisco Deza, certaines de ces versions présentaient une explication simpliste et malintentionnée : Antoni l'aurait frappé par jalousie, parce que Francisco Deza « flirtait avec Hertz ».

Il était curieux qu'on attribuât à Antoni des goûts aussi peu en accord avec ceux que précisément on lui reprochait. Au train où allaient les choses, on finirait par lui faire grief de tous les vices, même les plus contradictoires. Personne n'avait songé que la raclée aurait pu obéir à une autre cause bien plus simple. En effet, on ne pouvait même pas s'en douter, car Antoni avait tu l'histoire des lettres anonymes afin de ne pas rendre Silvia ridicule et parce que, d'autre part, il ne tenait pas à publier aux quatre vents que Francisco Deza en était l'auteur.

Cependant, la baronne avait à nouveau ouvert les yeux, qui scrutaient le marquis. Le prodige allait-il se produire ? La parole pourrait-elle transformer la réalité ? Silvia Ocampo, pensait-elle, est retorse et vaniteuse, et à son âge, une passion comme celle d'Antoni la flattait. Il eût été intéressant d'amener la poétesse à cette réunion afin qu'elle pût se défendre devant ses juges. Elle avait de l'intelligence, de l'esprit, de la maîtrise de soi, elle se serait défendue, pensait Felipa, comme une tigresse aux abois. La baronne se trouvait au fond du salon, face à la porte. Un après-midi mémorable de la fin du printemps – hirondelles et roses – une porte semblable s'était ouverte toute seule et l'Eminente avait surgi sur fond de damas rouges. Pourquoi le prodige ne se renouvelait-il pas ? Elle se la rappelait, couverte de tulles et de plumes, vêtue de manière peu adéquate mais avec élégance : une Antillaise qui était passée à Paris. Sûre d'elle, l'air juvénile malgré sa quarantaine révolue. Ce n'était pas une « dame », au sens classique du terme, mais elle attirait les regards admiratifs de tout le monde. « Oui, je sais bien que ma conduite est très décriée, aurait dit Silvia de son air de collégienne le plus contrit. Entre Antoni et moi il y a quelques années d'écart, que peut-on y faire ? Mais le cœur vieillit-il ? Est-ce que dans ce pays on n'étudie pas la mythologie ? Vénus était à la fois mère et épouse... » Une phrase, une citation à peine érudite suffisaient pour rétablir l'équilibre physique chez cette femme insouciante qui venait de publier dans la presse de Palma un sonnet contre la chasteté. Ce n'était pas « une dame », mais comment sont-elles en réalité, les « dames » ? Felipa renonçait à faire son propre examen. Comment avait-elle été, son arrière grand-mère, la Polonaise du Premier Empire ? Comment étaient-ils, ces parents des Sant-Simon enfermés en prison ou dans un asile d'aliénés. Et du marquis de Collera, que ne disait-on pas *sotto voce* ? L'honneur des grandes familles n'était qu'hypocrisie dans bien des cas : elle-même était considérée comme une dame irréprochable. Cette pensée lui faisait honte. « Je devrais me précipiter dans la rue pour y crier mes forfaits. » C'est ce qu'avait fait, au XVe siècle, un de ses ancêtres, connu sous le nom de « comte Mal ». Sur les montagnes de Son Negret on montrait encore les rochers d'où le pécheur publiait à grands cris ses infâmies. Il n'y avait pas longtemps, un psychiatre étranger prétendait la soulager par le même procédé, mis au goût du jour sous le nom de « *talking cure* ». Avec une différence cependant : elle était plus hypocrite que le comte Mal. Car, ou bien elle ne racontait pas tout à ses confesseurs, ou bien ceux-ci lui donnaient l'absolution avec trop de facilité. Mais une telle absolution était-elle valable ? Sans une punition, sans aucune humiliation, elle ne retrouverait jamais le calme perdu. Si personne ne lui infligeait cette punition qu'on lui devait, il ne lui resterait pas d'autre solution que le suicide.

« Mon Dieu, s'écria soudain Mme Maria, vous n'étouffez pas ici ? Nous sommes déjà en plein été. »

On ouvrit les fenêtres des balcons, on tira les rideaux. Un souffle chaud, imprégné d'une senteur douceâtre, montait du jardin. C'était le même parfum que Felipa avait respiré lors de son voyage de noces à Grenade près d'un *carmen**. Un démon, ou peut-être son ange gardien, se mêla à son sang par le moyen de cette odeur qui la transportait quinze ans en arrière. Elle éprouva le désir de vivre et de se révolter. « J'aimais un mari qui bientôt m'abandonna, se dit-elle, et jamais je ne chercherai de compensation auprès d'un autre, mais il aurait été beau de vivre... comme Silvia. »

Elle se leva pour aller rejoindre le groupe où l'on débattait de l'avenir d'Antoni.

« Je ne prétends pas nier ce qui saute aux yeux, disait à présent Collera, mais je ne voudrais pas non plus donner aux relations dont il est question une interprétation simplement anormale et fondée sur le péché. »

On ne savait plus s'il faisait allusion aux rapports d'Antoni avec Silvia Ocampo ou à ceux que, selon les rumeurs, il entretenait avec Deza. Felipa croyait voir tourner les godets d'une noria. Après deux heures passées à parler, le débat se trouvait toujours dans la plus entière confusion. Quelqu'un dit soudain que Silvia Ocampo était en train d'écrire les Mémoires de son séjour à Majorque et cette nouvelle provoqua la consternation générale.

« Ce sera amusant de voir comment elle va nous traiter, dit M. Lluis. »

Il fut à nouveau question de l'inévitable George Sand. Peut-être la Ocampo écrirait-elle *Un été à Majorque* pour faire « pendant » à l'hiver de l'autre ? Tout était à craindre, de la part d'étrangères, divorcées de surcroît. Il ne manquerait plus que cela. Il faudrait l'expulser de l'île.

* *Carmen* : maison de maître entourée d'un jardin sur les collines de Grenade. (N. des T.)

On parla de recueillir des signatures afin de demander au gouverneur de prendre une telle décision. Mais ce dernier, outre qu'il était républicain, était peut-être franc-maçon et pouvait aussi bien avoir de la sympathie pour la coupable. George Sand, à son époque, avait déjà trouvé des complicités parmi les représentants de l'autorité du moment, nommés par Mendizábal. La conversation dériva sur la tuberculose de Chopin.

« Belle façon d'exposer ses enfants au danger de la contagion ! Et quel mauvais exemple : le garçon avait quatorze ans et la fillette neuf ; ils pouvaient déjà se rendre plus ou moins bien compte de ce que Chopin représentait pour leur mère.

— Mais il convient de ne pas oublier, dit Collera toujours équanime, que nous devons à George Sand les échos les plus enthousiastes, ou du moins les premiers, que l'Europe a eus de Majorque. »

La mémoire du marquis octogénaire était aussi prodigieuse que son érudition. Il était capable de réciter des passages entiers d'*Un hiver à Majorque,* ce qu'il fit aussitôt.

Mais à la fin une voix impatiente s'éleva, celle de Lola :

« Bon, mais concrètement, qu'est-ce qu'on décide ? »

Collera rappela qu'en effet, il convenait de prendre une décision, mais il proposa de laisser l'affaire en souffrance pendant dix jours afin de donner à chacun le temps de réfléchir.

« J'aimerais en finir une bonne fois, dit Monteleón, mais si monsieur Jacob est d'un autre avis... »

Monsieur Jacob n'avait pas d'opinion, il faisait seulement des insinuations, des suggestions. Il s'agissait d'une affaire très délicate, répéta-t-il, et tous tombèrent d'accord. Peut-être serait-il prématuré de parler de maison de redressement sans avoir entendu auparavant l'intéressé. On se devait de lui donner la possibilité de se défendre. Collera, qui avait été parlementaire, n'était pas partisan des solutions violentes, mais du dialogue ouvert. Il pensait qu'il fallait laisser faire le temps.

« Il pourrait même se faire, dit-il, que ces rapports absurdes entre un garçon qui n'a pas vingt ans encore et une femme divorcée, viennent à mourir de leur belle mort avant que nous ne nous soyons décidés à intervenir. Mme Ocampo, qui a parcouru tant de pays et qui a toujours occupé la première place, aussi bien dans le monde de l'art et de la littérature que dans la société, se lassera vite d'un gosse qui ne sait même pas qui est Picasso.

— Tant qu'il saura d'autres choses », suggéra à voix basse M. Lluis.

Mais Collera parlait sérieusement.

« Je ne crois pas que Mme Ocampo soit tombée amoureuse d'un jeune homme, sympathique et bien fait, sans aucun doute, mais qui...

— Mais quoi ? l'interrompit à nouveau M. Lluis qui perdait contenance, il ne maîtrise pas les théories d'Einstein, n'est-ce pas ?

— Je ne dis pas cela, mon cher Lluis, rétorqua le marquis en souriant. Il ne s'agit pas de baisser les bras mais d'agir juste au moment où notre action sera la plus opportune et la plus efficace. Je n'ai jamais soutenu qu'Einstein possède plus de *sex-appeal* qu'un champion de natation comme Antoni. Du simple fait d'être, ou d'avoir été, un modeste diplomate, pour avoir été un tout petit politicien — un amateur, sans plus — j'ai été amené à faire partie d'un gouvernement sous la reine régente. En ma qualité de député, j'avais alimenté une polémique contre Cánovas del Castillo qui m'accusait de défaitisme parce que je me montrais partisan d'un pacte avec les insurgés de Cuba. « Le plan que vous proposez, me disait Cánovas, ne résout rien. Il pourrait au mieux retarder la guerre de deux ans, mais après ? » Alors, ma main sur mon cœur, j'ai prononcé ces mots qui ont été consignés dans le procès-verbal de la séance : « Monsieur le Président, c'est me faire trop d'honneur. Je me tiendrais pour satisfait si mon plan retardait la guerre de deux mois. »

Collera fit alors une pause et poursuivit en s'adressant à M. Lluis :

« Savons-nous, par hasard, cher ami, ce qu'il peut advenir dans deux mois, voire dans deux minutes ? »

L'auditoire, ébloui par cette évocation des gloires parlementaires du marquis, se rendit compte en regardant l'horloge qu'il était extrêmement tard.

« En l'espace de deux minutes, Collera, dit M. Lluis, un royaume peut être perdu.

— Il peut aussi être gagné, s'empressa de répondre Collera. Je reconnais qu'avec des transactions et des atermoiements on n'aurait peut-être pas sauvé les colonies... »

Il fit une nouvelle pause et conclut :

« Mais la paix aurait été sauvée. »

Monteleón se leva pour aller l'embrasser. C'était un gitan britannique, mais il connaissait aussi Paris et savait qu'à Paris, dans des occasions semblables, on s'embrasse. Et ils s'embrassèrent.

« Indépendamment de ce que vous déciderez à la fin, résuma Collera, je crois que la réunion que nous avons tenue aura sans doute une influence sur Antoni. Lui avez-vous dit que nous nous retrouvions cet après-midi ? Vous auriez dû le faire, car cela l'aurait obligé à réfléchir.

— C'est un effronté, opposa le docteur.

— C'est un excellent garçon, décréta Mme Maria. Il a le cœur aussi grand que la cathédrale. Je suis persuadée que, s'il a administré une bonne volée au répugnant Francisco Deza, ce n'est pas à tort. Ne prêtez pas attention à mon mari, Collera. Felipa, toi qui es à proximité, pourquoi ne branches-tu pas le ventilateur ? »

Ce fut Collera, évidemment, toujours galant avec les dames, qui se leva pour le faire. Ils continuaient à divaguer. L'on pouvait tenter, si le conseil de famille l'estimait opportun, une discrète enquête. On pouvait envoyer quelqu'un interroger la concierge et les voisins de Mme Ocampo, quoique les preuves de sa liaison avec Antoni ne fussent, hélas, plus nécessaires. Toute l'assistance commençait à donner des signes de fatigue et il fut décidé de faire ce qui était le plus commode, c'est-à-dire de voter la question de confiance en faveur du thaumaturge pour que celui-ci eût un entretien personnel avec Antoni et fît le miracle. Ce miracle, comme celui de la régénération de l'Espagne, seul le Verbe pouvait l'accomplir.

Cette décision étant prise, chacun s'en fût de son côté, à l'exception de Monteleón et du marquis, lesquels téléphonèrent à Antoni et le sommèrent de se présenter devant eux sur-le-champ. Mme Maria disait que la tête lui tournait et qu'elle avait besoin de sortir faire une promenade pour prendre l'air et se rafraîchir le cerveau. Elle n'était pas habituée à penser autant :

« Tout cela me congestionne. Penser, penser encore et toujours... et de surcroît par cette chaleur ! Je ne sais pas pourquoi nous sommes restés tout l'après-midi les fenêtres des balcons fermées. Vous auriez dû protester. Les domestiques non plus, n'ont pas pris garde que nous étions en train d'étouffer... Voilà ce que j'appelle ne pas avoir de cœur. »

On était à la mi-juillet et en effet, la chaleur se faisait sentir. N'eût été ce coquin d'Antoni, tous seraient déjà en villégiature dans leurs maisons de campagne respectives.

XXII

Le Verbe qui créa le monde

> Nous étions donc seuls à Majorque, aussi seuls que dans un désert...
>
> George Sand

Antoni, qui était bien un champion de crawl, avait passé l'après-midi au Club de natation à s'entraîner en compagnie de Silver Fish. Celui-ci, spécialisé dans la nage sous-marine, méprisait le crawl :

« En sortant les bras et une partie de la tête de l'eau, tu opposes une résistance. Comment veux-tu avancer rapidement si à chaque respiration tu freines ton mouvement ?

— Il est nécessaire de respirer.

— Lorsque tu ne peux plus tenir, sors et respire, mais ne nage pas. »

Silver Fish était un puritain en toute chose et la soif de perfection ne lui permettait de rien mener jusqu'au bout. Il se sentait sûr uniquement sous l'eau, comme un poisson. Comme un poisson d'argent.

C'était un éblouissant après-midi de juillet. Le paysage autour de la piscine resplendissait. Le soleil dorait l'atmosphère et l'eau possédait la transparence du cristal de roche. Dans ce liquide diaphane, Silver Fish évoluait comme s'il eût flotté dans le vide, comme si les lois de la pesanteur n'avaient pas existé pour lui. Antoni le voyait traverser la piscine d'une extrémité à l'autre sans sortir la tête un seul instant.

« Sous l'eau, avait-il coutume de dire, je me sens comme nos premiers parents avant le péché. Et c'est à cause de cela que le slip me gêne. Adam n'en portait point. Je viendrai la nuit nager tout nu. »

La nage sous-marine n'est pas saine. Le docteur Monteleón assurait qu'elle « abîmait les poumons ». Une fois où Antoni l'avait répété à Silver Fish, celui-ci s'était fâché :

« Ce qui abîme les hommes, ce sont les femmes. »

C'était l'une de ses obsessions, l'autre étant de réussir à battre le record mondial de permanence sous l'eau.

« Le sport et l'amour ne s'excluent pas, opposait Antoni.

— Que m'importe l'amour ! »

Une telle question aurait paru excessive à George Sand comme elle le paraissait à Silvia Ocampo. L'amour, qui peut tant embellir la vie, devrait nous importer beaucoup, et peut-être intéressait-il Antoni autant que le crawl. Un jour où Silver Fish avait insinué, avec malveillance, que tout compte fait il pourrait bien arriver que la poétesse se lassât de lui et l'abandonnât, il s'écria : « Non, elle ne me quittera jamais ! » Il avait dit cela en criant, ce qui signifiait qu'il n'en était pas très sûr.

Il faudra bien me permettre de faire une digression à propos de la natation et de George Sand, puisque ces deux sujets se présentent si à propos sous ma plume. Du temps de George Sand, la natation, semble-t-il, n'était point pratiquée. Du moins, nous n'en avons trouvé aucune référence tout au long d'*Un hiver à Majorque*. Elle, qui aimait l'équitation à la folie, selon ce que l'*Encyclopédie Espasa* nous a révélé, trouvait en revanche la mer très jolie, mais contemplée de loin. Depuis la chartreuse de Valldemossa elle la voyait tous les jours : « J'ai dit plus haut qu'au point où s'élève la chartreuse la chaîne s'ouvre et qu'une plaine légèrement inclinée monte entre ses deux bras élargis jusqu'à la mer. Or, en regardant tous les jours la mer monter à l'horizon bien au-dessus de cette plaine, ma vue et mon raisonnement commettaient une erreur singulière : au lieu de voir que la plaine montait et qu'elle cessait tout à coup à une distance très rapprochée de moi, je m'imaginais qu'elle s'abaissait en pente douce jusqu'à la mer et que le rivage était plus éloigné de cinq à six lieues. Comment m'expliquer en effet que cette mer, qui me paraissait de niveau avec la chartreuse, fût plus basse de deux ou trois mille pieds ? Je m'étonnais bien quelquefois qu'elle eût la voix si haute, étant aussi éloignée que je la supposais ; je ne me rendais pas compte de ce phénomène. Je ne voyais pas que cet horizon maritime dont je repaissais mes regards était à quinze ou vingt lieues de la côte tandis que la mer battait la base de l'île à une demi-heure de chemin de la chartreuse. Aussi, quand mes enfants m'engageaient à venir voir la mer prétendant qu'elle était à deux pas, je n'en trouvais jamais le temps. »

Un jour, Maurice et Solange — lui avait quatorze ans et elle neuf et était déjà vêtue en homme, comme sa mère — réussirent à la convaincre : « Enfin, je me laissai entraîner par eux, certain que nous n'atteindrions jamais ce rivage fantastique qui me semblait si loin. Depuis un quart d'heure je m'apercevais bien que nous ne descendions pas vers la mer, car le cours des ruisseaux venait rapidement à notre rencontre et plus nous avancions plus la mer semblait s'enfoncer et s'abîmer à l'horizon. Je crus enfin que nous lui tournions le dos et je pris le parti de demander au premier paysan que je rencontrerais si, par hasard, il ne nous serait pas possible de rencontrer aussi la mer. » Elle trouva, non un paysan, mais une petite bergère « jeune et jolie », qui « sauta légèrement et jetant sa cape sur son épaule nous fit signe de la main et se mit à marcher devant nous.

Périca est la plus gentille créature majorquine que j'ai vue. Elle et ma chèvre sont les seuls êtres vivants qui aient gardé un peu de mon cœur à Valldemossa. Quand elle eut un peu marché dans le gazon humide, ses pieds nus redevinrent, non pas blancs, mais mignons comme ceux d'une Andalouse, et son joli sourire, son babil confiant et curieux, son obligeance désintéressée, nous la firent trouver aussi pure qu'une perle fine. Elle avait seize ans et les traits les plus délicats, avec une figure toute ronde et veloutée comme une pêche. C'était la régularité de lignes et la beauté de plans de la statuaire grecque. Sa taille était fine comme un jonc, et ses bras nus, couleur de bistre. De dessous son *rebozillo* de grosse toile sortait sa chevelure flottante et mêlée comme la queue d'une jeune cavale. Elle nous conduisit à la lisière de son champ, puis nous fit traverser une prairie semée et bordée d'arbres et de gros blocs de rochers ; et je ne vis plus du tout la mer, ce qui me fit croire que nous entrions dans la montagne et que la malicieuse Périca se moquait de nous...

Tout à coup je ne vis plus rien devant moi et au-dessus de moi que la mer toute bleue. Le sentier avait été se promener je ne sais où ; la Périca criait au-dessus de ma tête, et mes enfants, qui me suivaient à quatre pattes, se mirent à crier plus fort. Je me retournai et vis ma fille toute en pleurs. Je revins sur mes pas pour l'interroger ; et quand j'eus fait un peu de réflexion je m'aperçus que la terreur et le désespoir de ces enfants n'étaient pas mal fondés. Un pas de plus et je fusse descendu beaucoup plus vite qu'il ne fallait, à moins que je n'eusse réussi à marcher à la renverse comme une mouche sur le plafond ; car les rochers où je m'aventurais surplombaient le petit golfe et la base de l'île était rongée profondément au-dessous. Quand je vis le danger où j'avais failli entraîner mes enfants j'eus une peur épouvantable et je me dépêchai de remonter avec eux...

Je n'avais rien vu de semblable à ce que je pressentais là et mon imagination prenait le grand galop. Je descendis par un autre sentier, m'accrochant aux ronces et embrassant les aiguilles de pierre dont chacune marquait une nouvelle cascade du sentier. Enfin, je commençais à entrevoir la bouche immense de l'excavation où les vagues se précipitaient avec une harmonie étrange. Je ne sais quels accords magiques je croyais entendre ni quel monde inconnu je me flattais de découvrir lorsque mon fils, effrayé et un peu furieux, vint me tirer violemment en arrière. Force me fut de tomber de la façon la moins poétique du monde, non pas en avant, ce qui eût été la fin de l'aventure et la mienne, mais assis comme une personne raisonnable.

Je ne me consolerai jamais de n'avoir pas pu tourner le rocher. J'aurais peut-être vu là Amphitrite en personne sous une voûte de nacre et le front couronné d'algues murmurantes. Au lieu de cela, je n'ai vu que des aiguilles de roches calcaires, les unes montant de ravin en ravin comme des colonnes, les autres pendantes comme des stalactites de caverne en caverne et toutes affectant des formes bizarres et des attitudes fantastiques. Des arbres d'une vigueur prodigieuse, mais tous déjetés et à moitié déracinés par les vents, se penchaient sur l'abîme et du fond de cet abîme une autre montagne s'élevait à pic jusqu'au ciel, une montagne de cristal, de diamant et de saphir. La mer, vue d'une hauteur considérable, produit cette illusion, comme chacun sait, de paraître un plan vertical. L'explique qui voudra.

Mes enfants se mirent à vouloir des plantes. Les plus belles liliacées du monde croissent dans ces rochers. A nous trois, nous arrachâmes enfin un oignon d'amaryllis écarlate, que nous ne portâmes point jusqu'à la chartreuse tant il était lourd. Mon fils le coupa en morceaux pour montrer à notre malade un fragment, gros comme sa tête, de cette plante merveilleuse. Périca, chargée d'un grand fagot qu'elle avait ramassé en chemin et dont, avec ses mouvements brusques et rapides, elle nous donnait à chaque instant par le nez, nous reconduisit jusqu'à l'entrée du village. Je la forçai de venir jusqu'à la chartreuse pour lui faire un petit présent que j'eus beaucoup de peine à lui faire accepter. Pauvre petite Périca, tu n'as pas su et tu ne sauras jamais quel bien tu me fis en me montrant parmi les singes une créature humaine douce, charmante et serviable sans arrière-pensée. Le soir nous étions tous réjouis de ne pas quitter Valldemossa sans avoir rencontré un être sympathique. »

Nous nous sommes étendu sur cette citation d'*Un hiver à Majorque* pour bien montrer, à l'encontre de ce que beaucoup croient, que Mme Sand n'y trouva pas seulement des Maures (parfois elle dit des singes) mais aussi une petite bergère de seize ans qui avait des pieds « mignons comme ceux d'une Andalouse » et qui s'appelait Perica. Ceci nous conduit tout naturellement vers un autre ami du célèbre écrivain — un parmi tous ceux qui avaient précédé le pauvre Chopin dans l'usage de la parole —, Alfred de Musset, à qui l'on doit ces vers mémorables :

Avez-vous vu dans Barcelone
Une Andalouse au sein bruni ?
Pâle comme un beau soir d'automne !
C'est ma maîtresse, ma lionne !
La marquesa d'Amaëgui !

C'est alors que parut le chasseur du Club de natation pour dire à Antoni qu'on le demandait au téléphone. C'était le marquis. Il le sommait de venir le rejoindre sur-le-champ. Son oncle l'aborda sans lui laisser le temps d'ouvrir la bouche :

« Le marquis t'expliquera tout... Je dois partir, je suis attendu à la clinique pour une urgence. »

Le vaste salon où Antoni et le marquis étaient demeurés seuls faisait penser à des arènes où le matador serait sur le point d'affronter un taureau indomptable. A côté d'un matador comme celui-là, l'animal pouvait sembler petit ; mais le danger encouru par le toréro ne résidait pas dans le fait qu'une corne pût lui transpercer le cœur, mais qu'un garçon de dix-neuf ans réussît à le tourner en ridicule. Comment allait s'en sortir Collera ? Voici face à face l'ex-ministre, qui à quatre-vingts ans se croyait encore ministrable, et le garçonnet insolent. L'homme illustre souriait tout en lui offrant des cigarettes anglaises :

« Asseyez-vous, Antoni. Vous devez bien vous douter...

— Ce que vous avez fait avec moi est une iniquité.

— Calmez-vous. Votre famille ne veut que votre bien.

— Ce que ma famille veut, c'est créer des conflits pour pouvoir en parler par la suite et tuer ainsi le temps. Je la connais par cœur, ma famille ! »

Monsieur Jacob dut masquer un sourire. Ce que disait ce garçon n'était pas si insensé que cela.

« Du calme, du calme, Antoni ; personne ne vous poursuit. Tout ce qu'on vous demande...

— Je le sais...

— Songez, mon cher ami, au scandale que vous soulevez dans une ville telle que Palma. Souvenez-vous de Chopin et de George Sand. Il s'est écoulé un siècle, en effet, mais nos préjugés restent les mêmes.

— Les préjugés...

— Oui, inutile de me le dire. A votre âge ils semblent insupportables mais au mien on voit les choses autrement. A quoi bon les braver pour n'arriver qu'à se faire mal à soi-même. Songez au préjudice que ces relations (des relations naturelles, saines, si vous voulez, mais irrégulières), vous causent ; songez, si vous ne voulez pas penser à vous tout seul en égoïste, à la réputation de Mme Ocampo.

— Précisément, l'interrompit Antoni, ce serait une infamie que de l'abandonner après l'avoir compromise.

— Mon ami, vous tenez des propos excessifs, car je ne vous demande de commettre aucune infamie. »

Ce que le marquis sollicitait n'était, en effet, ni si rigoureux ni si définitif. Qu'est-ce que le marquis proposait, en somme ? Il n'exigeait pas qu'Antoni abandonnât une dame, mais qu'il ne s'exhibât pas avec elle. Il fallait respecter les conventions sociales. En un mot : on lui demandait de sauver les apparences.

« Mais est-ce que nous devons avoir honte de nous aimer ? »

Le marquis souriait, compréhensif et complaisant. Cet enthousiasme tout frais de jeune lion lui plaisait précisément parce qu'il était un vieux renard. Peut-être tentait-il de l'apprivoiser rien que pour examiner ses réactions. Collera était un artiste, non un être aussi vulgaire que certains se plaisaient à le dépeindre, rongés probablement par la rancune. Sa politique avait été ce qu'elle pouvait être à l'époque. La rhétorique dont il se servait était celle imposée par les usages de son temps et de son pays auxquels il se conformait. Possédait-il le talent de se faire passer pour simple d'esprit ? Et pourquoi pas, si cela lui convenait ? De toutes façons, il appréciait la grâce, la sensibilité, la passion de la jeunesse.

« Personne ne vous oblige à vous faire moine, Antoni, mais vous auriez pu, tous les deux, vous conduire bien plus discrètement. J'ai entendu dire que tout récemment, à l'occasion d'un thé, vous aviez donné un spectacle lamentable et cela s'est su. J'ai eu également des échos d'un café fréquenté par des peintres et des poètes où vous avez attaqué à coups de poing un humoriste andalou qui se trouve de passage à Majorque. »

Quel rapport y avait-il entre tout cela ? Antoni s'y perdait. Il avait frappé Francisco Deza, en effet, mais il ne comprenait pas pourquoi on lui en demandait aussi des comptes.

« Je crois, Antoni, disait le marquis, qu'il ne vous convient pas de maintenir des rapports avec ce Deza. Aussi bien lui que Hertz ont des mœurs bien différentes des nôtres. A présent tout le monde a l'œil sur vous. Si vous ne vous étiez pas acquis cette renommée d'étourdi, peut-être que votre famille se serait montrée plus transigeante...

— Mon vieux (Antoni dit « mon vieux » à la place de « marquis » tant il était troublé), mais qu'est-ce que ce couple vient faire ? J'étais allé au café pour lui casser la figure, certes, mais permettez-moi d'en taire les raisons. C'est plutôt vous qui entretenez des relations avec lui, puisque d'après ce qu'on m'a dit, vous le recevez souvent chez vous. »

Ces mots à peine lâchés, il lui apparut qu'il eût été meilleur de ne pas les prononcer. Monsieur Jacob hésitait. Il décida de s'en tenir au sujet principal et d'écarter cet autre, en fin de compte secondaire.

« Tout le monde comprend, je le répète, que vous ne songiez pas à vous faire moine. Une liaison... qui n'en a pas eu, à votre âge ? L'important, c'est de trouver une solution harmonieuse.

— La seule solution serait de me laisser en paix.

— Bien évidemment, mais ce n'est pas facile. On a parlé de vous enfermer à Santa Rita. Vous avez été imprudents dès le début. Elle n'aurait pas dû quitter le Gran Hotel, où vos entrevues pouvaient passer plus inaperçues. Je sais que vous allez m'opposer que les concierges de nos hôtels agissent parfois comme des professeurs de morale, mais en revanche, est-ce que les professeurs de morale, bien souvent, n'agissent pas comme des concierges ? C'est précisément parce que la morale de ses concierges y est si élevée que le Gran Hotel constitue, en quelque sorte, une garantie de sérieux, et s'il vous était devenu difficile de vous y rencontrer, il n'aurait pas manqué quelque lieu discret dans les environs où vous rendre de temps à autre...

— Ce que vous me conseillez, dit naïvement le garçon, eût été en effet bien préférable. Comment n'y avais-je pas pensé ? »

Le marquis prenait déjà congé, mais auparavant il lui fallait couronner sa mission thaumaturgique :

« Croyez-moi, dit-il déjà près de la porte et en retrouvant son éloquence d'ex-ministre, la véritable morale, non la fausse, doit reposer non sur une transaction ou une prescription. Ce qu'il faut, c'est « rassembler les volontés », comme je l'ai si souvent recommandé dans mes discours à la Chambre. Vous voyez bien que je ne vous traite pas comme un gamin, mais comme un homme. Je vais vous proposer une solution, si vous me promettez le secret.

— Je vous jure que cela restera entre nous.

— Parfait. Quittez donc l'appartement de Palma et cherchez un refuge discret dans les alentours. En attendant, si vous voulez les clés de mon pavillon de chasse qui en voiture se trouve à vingt minutes de la place de Cort... Je ne sais que faire d'autre pour votre service. Naturellement, je vous prête mon pavillon parce que vous aimez la chasse, n'est-ce pas ? »

Antoni ne trouvait pas de mots pour le remercier. Dans un élan semblable à ceux que sa tante Maria avait parfois, il s'était saisi de la main de cet homme illustre pour la baiser.

« Que faites-vous ?

— Excusez-moi », dit-il rouge de honte.

Le grand homme trouva, comme toujours, la phrase opportune :

« Savez-vous que, excepté les prêtres, le seul homme dont on baise la main, c'est le roi ?

— Et grand-père », rétorqua Antoni.

Ils se mirent à rire. Monsieur Jacob avait fini par trouver le ton qu'il lui fallait pour la circonstance, « délicate et épineuse », comme il avait dit devant le conseil de famille, c'est-à-dire le ton du grand-père et du directeur spirituel. Ce rôle le séduisait, car il était le seul qu'il pouvait à présent tenir auprès des dames. Ses ennemis auraient peut-être insinué qu'il était en train de jouer, plutôt que le rôle de directeur spirituel, un autre, dont ils auraient dit le nom en toutes lettres parce qu'ils étaient des goujats, un nom que parfois on lui avait appliqué en politique et qui était en quelque sorte un synonyme de combinard.

Face à la confusion reconnaissante d'Antoni, le thaumaturge — comme nous l'appellerons, car ce nom est plus élégant — riait d'un air jovial. Il riait d'un air protecteur tout en pensant : « Pauvre gosse, est-ce que tu ne te doutes pas, innocent, de ce qui arrivera à ton Ocampo lorsqu'elle se verra confinée dans un parage inhabité, loin des pompes mondaines ? Mais enfin, ceci n'est plus de mon ressort. » Il prit Antoni par le bras et adopta un ton faussement sévère sans pour autant cesser de rire :

« Que ce soit clair, dit-il, je n'approuve nullement ces relations si peu orthodoxes et au nom du conseil de famille je vous somme énergiquement d'y mettre un terme. Compris ?

— Compris.

— Je vais téléphoner tout de suite à la clinique pour annoncer à votre oncle l'heureuse issue de notre entrevue. »

XXIII

Où deux personnes se rencontrent par hasard

Entre ces deux promenades, la première et la dernière que nous fîmes à Majorque, nous en avions fait plusieurs autres que je ne me rappelle pas de peur de montrer à mon lecteur un enthousiasme monotone pour cette nature belle partout et partout semée d'habitations pittoresques à qui mieux mieux, chaumières, palais, églises, monastères. Si jamais quelqu'un de nos grands paysagistes entreprend de visiter Majorque... il ne saurait faire dix pas dans cette île enchantée sans s'arrêter à chaque angle de chemin, tantôt devant une citerne arabe ombragée de palmiers, tantôt devant une croix de pierre, délicat ouvrage du xve siècle, et tantôt à la lisière d'un bois d'oliviers. Rien n'égale la force et la bizarrerie de formes de ces antiques pères nourriciers de Majorque. Les Majorquins en font remonter la plantation la plus récente au temps de l'occupation de leur île par les Romains...

George Sand

Le confortable appartement des nouveaux quartiers, un peu prétentieux mais avec ascenseur et salle de bains, propriété d'une parente de la baronne, fut remplacé par une maison de campagne à quelques kilomètres de la ville. Située sur le versant d'une montagne qui dominait une ample vallée, elle aurait pu être un paradis. Et elle le fut pendant quelques semaines. Il y avait un jardinet où Silvia Ocampo comptait faire pousser des rosiers :

« Quel cadeau du Ciel, Antoni ! C'est un rêve ! Nous nous réveillerons avec l'aube pour contempler le lever du soleil. Et regarde, nous avons la mer à deux pas. Tu pêcheras des homards et je les préparerai *à la crème*. Regarde ces champs couverts de petites fleurs sauvages, regarde ces moutons blancs qui broutent, ils doivent être délicieux, rôtis. »

Il avait promis d'aller à la pêche, mais il se trouva qu'il n'y avait point de homards dans les parages et le *homard à la crème* resta à l'état de projet. Quant à faire rôtir les moutons qui paissaient alentour, c'était une entreprise également difficile. Silvia se leva un jour à quatre heures, mais le soleil ne se montra pas avant midi. Ils ne trouvèrent aucune domestique prête à vivre dans cette solitude et alors Silvia se vit forcée d'allumer le fourneau à charbon et d'éplucher les pommes de terre.

A quelques minutes de la maison passait le tramway, ce qui était bien commode pour fuir la petite maison idyllique, mais le chemin y conduisant n'était qu'un lit de torrent hérissé de rochers où Mme Ocampo tordait les talons de ses souliers pendant que le soleil ternissait son maquillage. Antoni n'avait pas d'argent et avait dû vendre sa voiture, un cadeau de sa grand-mère ; « Nous ne bougerons pas d'ici », avait-il dit dans les premiers moments d'enthousiasme, « je n'ai pas besoin de la voiture. Ici la famille nous laissera en paix. Ne disais-tu pas que tu aimais tellement entendre bêler les brebis ? » Quelques jours auparavant, monsieur Jacob Collera lui avait posé la même question :

« J'ai appris, Antoni, qu'en suivant mes conseils vous avez loué une maisonnette délicieuse

Adossée à un bois et donnant sur la mer

comme écrit Rubén Darío. Aimez-vous, la nuit, entendre bêler les brebis ? »

Et sur un ton indulgent et paternel, il ajouta :

« Un jour, je passerai vous saluer. »

Il s'y rendit un matin et trouva l'Eminente qui faisait une de ses promenades solitaires et amaigrissantes. Il l'aperçut de loin et, fidèle à sa tactique consistant à paraître, dans la mesure du possible, extrêmement attentionné envers tout le monde afin de ne pas se faire d'ennemis sans nécessité, il donna ordre à son chauffeur de s'arrêter. C'était une occasion magnifique de se montrer aimable avec cette dame si décriée, à présent que, excepté le chauffeur, il n'y avait pas de témoins.

« Chère amie, on ne vous voit guère. Certes, nous sommes presque toujours à la campagne car ma femme est d'une santé fragile.

— J'en suis navrée. Qu'est-ce qu'elle a ?

— Les médecins n'en savent rien. Ils lui ont prescrit du repos et de la solitude. »

« Je vois, pensa Silvia, ils ne veulent pas me recevoir. »

« Vous nous manquez, poursuivit Collera qui avait deviné sa pensée. Seriez-vous seule aujourd'hui ?

— Antoni est parti passer la journée dans une propriété de sa grand-mère et ne rentrera que vers le soir. Voulez-vous que nous allions jusqu'à la maison ? Je pourrais vous offrir l'apéritif. »

Le marquis pensa que c'était le moment de l'inviter à déjeuner, puisqu'il venait de lui fermer les portes de sa maison.

« Si vous aviez l'amabilité d'accepter, je vous proposerais de déjeuner en ma compagnie. J'aimerais vous faire découvrir un restaurant tout proche...

— Un restaurant solitaire ? »

« Elle n'est pas bête, cette petite » pensa M. Jacob.

Le restaurant, situé à proximité, était en effet désert. Les pluies de l'automne, qui étaient en avance, avaient dispersé les touristes. Depuis leur table ils embrassaient d'un seul coup d'œil toute la baie. M. Jacob, qui était diplomate et savait que Juan Ramón Jiménez avait fait des commentaires méprisants sur les poèmes de Silvia Ocampo, se déclara anti-avangardiste :

« Juan Ramón, dit-il, a la prétention d'éliminer tout ce qui n'est pas poésie pure. A force de suppressions, le « ramonisme » nous conduirait à l'anémie, puis à la mort. »

Quelques jours auparavant, dans une conversation au Cercle, il avait soutenu tout le contraire, en affirmant que le « ramonisme » nous conduirait à Dieu.

« Juan Ramón n'a pas le talent que certains lui attribuent, dit-elle. De mes vers, tout ce qu'il a su dire, dans un sens dépréciatif, c'est qu'ils étaient exubérants.

— Le ciel ne compte pas ses étoiles » ajouta le marquis en traduisant Victor Hugo. Dieu aussi, est exubérant. Il faut écouter toutes les voix. »

A la réunion dont nous venons de parler, il avait dit, tout comme Machado, que parmi toutes les voix il convenait de n'en écouter qu'une.

« Il est curieux, dit-elle, que Juan Ramón m'accuse de verborrhée alors qu'il prône « la parole pour la parole ».

Il faut reconnaître que Silvia Ocampo raisonnait avec beaucoup de bon sens.

« Votre sonnet "Contestation" est très bon, Silvia, lui dit-il.

— J'étais furieuse lorsque je l'écrivis. Si jamais vous entendez dire que je l'ai récité quelque part, cela signifiera qu'on m'a profondément vexée. N'en doutez point. Vous savez bien que j'ai subi assez de vexations ces derniers temps. »

Collera prit une mine affligée :

« Chère amie, les affronts ne peuvent pas atteindre une personne dont le nom, tout comme celui de La Fayette, est connu dans deux continents.

— N'en croyez rien. » L'Eminente regardait au loin et il y avait dans ses yeux une certaine tristesse. « Ni vous ni moi n'ignorons la part de bluff qu'il y a dans tout cela. »

Deux couples étaient attablés à l'autre extrémité de la salle et l'un d'eux salua le marquis. L'Eminente observa celui-ci à la dérobée afin de voir si le fait d'être aperçu en sa compagnie le contrariait. Tel n'était pas le cas. Sans doute le marquis ne souhaitait-il pas se montrer avec elle dans certains endroits trop fréquentés, mais n'y voyait-il pas d'inconvénient, s'agissant de lieux plus discrets qui, en faisant naître des soupçons, confirmaient la pérennité de sa vague légende de Don Juan, à l'exclusion d'autres légendes tout aussi plausibles. Silvia Ocampo comprit cela : « Il lui plaît d'être avec moi *ici* parce qu'il me tient pour une femme à hommes seuls. » Et comme elle se sentait un peu humiliée de ce fait, elle voulut lui faire perdre sa tranquillité.

« Cette dame en gris est très élégante. Je l'ai aperçue ailleurs. J'aimerais beaucoup, marquis (elle parlait lentement et en le regardant : il avait adopté une impassibilité de statue) j'aimerais beaucoup avoir une robe comme la sienne. »

Le marquis inspira profondément comme quelqu'un qui se libère d'un grand poids, ce qui n'échappa point à l'Eminente.

« Oui, en effet, elle est charmante. Je la connais à peine. »

Elle rit, pénétrante et malicieuse :

« Moi non plus, je ne désire pas la connaître, j'aimerais mieux connaître sa couturière. »

Son cœur n'était pas méchant et elle se tenait pour satisfaite après avoir alarmé le grand homme. « Le pauvre, il se doit à son prestige. » Elle aussi, tout compte fait, se devait au sien propre. Tous deux avaient transigé pour atteindre la renommée, bien qu'en empruntant des chemins diamétralement opposés. Si elle avait pu dire ce qu'il lui en avait coûté, à ses débuts, de mettre la presse en émoi et de réussir à être citée par deux encyclopédies ! Pour y parvenir, elle avait choisi la voie directe du scandale, elle avait exhibé de façon impudique les désordres de sa vie intime, elle avait envoyé aux journaux de Buenos Aires et de New York le « J'accuse » où elle bafouait son mari. Le marquis, en revanche, avait dû suivre la voie de la prudence et de la respectabilité. C'était un terrain qui pouvait se dérober sous ses pieds d'un moment à l'autre pour aboutir à un scandale d'autant plus retentissant qu'il serait moins attendu, comme cela a déjà été exposé dans *Mort de dama*.

Quel bénéfice ce grand homme tirait-il du prestige acquis au long des années ? Loin de s'enrichir, il se ruinait peu à peu. Il avait traduit Virgile, non du latin, mais d'une édition en français à bon marché. Silvia Ocampo aussi, avait traduit plusieurs chants de l'*Iliade* sans qu'il lui vînt jamais à l'idée d'étudier le grec. Les destins du grand homme et de la poétesse, aussi étrange que cela pût paraître, étaient au fond comparables. « Moi aussi, je m'agite pour rien » pensa-t-elle. Qu'était, en réalité, Antoni ? Antoni, en réalité, n'était rien.

M. Jacob Collera était plus grand et plus fort qu'Antoni, c'était presque un géant à côté de lui. Quel dommage qu'il eût déjà quatre-vingts ans ! Un géant bien élevé et un marquis authentique, encore que le titre ne datât que du siècle dernier. C'était un véritable homme du monde, qui s'y connaissait en vins et en fromages et qui se plaisait à déjeuner avec elle dans un restaurant solitaire parce que, pour des raisons que Silvia Ocampo comprenait fort bien, il s'était vu dans l'obligation de lui fermer les portes de sa maison.

Elle ressentit le besoin de se livrer à cet homme qui était fort et vieux en même temps, comme les oliviers majorquins que George Sand admirait si justement.

« Je n'avais pas encore eu l'occasion de vous remercier de votre intervention au conseil de famille.

— Mon tempérament, répondit-il avec modestie, me mène toujours à tenter de limer les aspérités. Vous n'avez à me remercier de rien, mon amie. Vous, avec une audace que j'admire sans la partager...

— Oh, pas de détours, s'il vous plaît ! Ce n'est pas la peine d'appeler cela « de l'audace ». Pauvre Antoni. Savez-vous, marquis, qu'un de ces jours je quitterai peut-être Majorque sans le prévenir ? Il va se trouver bien seul dans ce nid de rats. Pardonnez-moi, M. Jacob, si mon discours vous blesse.

— Je vous comprends parfaitement.

— Mais je viens de traiter les Majorquins de rats.

— George Sand nous a traités bien pire encore. Elle nous a traités de Maures. Les habitants de Valldemossa, en revanche, la suspectaient, elle, car c'était bien elle qui n'allait pas à la messe ni ne mangeait de porc, et, comme pour rendre la suspicion plus vive, portait des pantalons, tout comme un homme. Il y avait, force est de le reconnaître, plus de logique dans la supposition des gens de Valldemossa, car en ce temps-là, les seules femmes qui portaient des pantalons étaient maures. Mais oublions George Sand, qui fut très offensée, elle qui traitait de Maures les autres, lorsqu'elle apprit que les autres la supposaient telle. On sait bien que les Maures, c'est toujours les autres. Parlons donc de vous, Silvia. Ne dites pas que vous voulez partir, surtout à présent où vous disposez de la paix sous ce ciel qui possède, d'après George Sand, la « solemnité et le calme de l'Orient ». C'est moi qui ai conseillé à Antoni de louer une maisonnette à proximité de la ville. »

L'Eminente, qui avait des intuitions rapides et la langue bien pendue, lui dit de manière très leste :

« Ce que vous avez pensé, monsieur Jacob, c'est

qu'une fois dans cette solitude, je m'ennuierais et ainsi l'affaire serait classée. »

Le grand homme feignit la surprise :

« Je ne vous comprends pas, Silvia. Auriez-vous cessé de l'aimer ?

— Non, le pauvre garçon, il est charmant ! Il n'a point d'imagination et cela lui donne une franchise adorable, il ne sait pas mentir. D'une certaine façon, à force d'être naturel, il devient franchement anormal ou anormalement franc, comme il vous plaira. Il ne sait rien faire d'autre que l'amour et à cela il est drôlement rompu. Mais entendons-nous, je ne parle pas seulement de l'amour physique. Contre toutes les apparences, c'est un sentimental.

— Et cela vous semble peu de chose, par les temps qui courent ?

— Cela ne m'apparaissait pas ainsi tant que nous vivions « dans le siècle », comme disent les moines. Ici, il en va tout autrement. La jeunesse ne rend qu'un son, comme les poèmes de Juan Ramón Jiménez.

— Chère Silvia, la jeunesse, c'est merveilleux.

— Je la dénigre peut-être par jalousie, mais il me semble évident qu'avec Antoni je n'aurais jamais pu avoir une conversation aussi agréable que celle-ci. »

Silvia Ocampo voulait sans doute flatter Collera. Malgré sa bohème, la poétesse, qui avait réussi à faire parler d'elle dans tant de journaux, n'ignorait pas l'art de maintenir des relations avec les personnages influents. Pourtant elle parlait sincèrement lorsqu'elle disait que cette conversation lui était agréable. Elle s'exprimait ce jour-là avec un discernement que Collera ne lui connaissait pas encore.

« Je vous trouve préoccupée, comme triste... Vous arrive-t-il quelque chose ? »

Elle hésita :

« Mes affaires d'Amérique ne marchent pas. Ceci n'est

pas nouveau pour moi. J'ai un agent à qui je ne peux pas faire confiance, mais je commence à en avoir l'habitude. Et je ne me sens pas triste, mais plutôt calme, en ce moment, chose que j'attribue à votre compagnie. Les hommes grands et forts comme les oliviers me donnent de l'assurance, me remettent en équilibre...

— « A voir l'aspect formidable, la grosseur démesurée et les attitudes furibondes de ces arbres mystérieux, mon imagination les a volontiers acceptés pour des contemporains d'Hannibal. Quand on se promène le soir sous leur ombrage, il est bien nécessaire de bien se rappeler que ce sont là des arbres ; car si on en croyait les yeux et l'imagination on serait saisi d'épouvante au milieu de tous ces monstres fantastiques, les uns se courbant vers vous comme des dragons énormes, la gueule béante et les ailes déployées ; les autres se roulant sur eux-mêmes comme des boas engourdis ; d'autres s'embrassant avec fureur comme des lutteurs géants... »

Le marquis aurait pu réciter toute la tirade de George Sand, qu'il connaissait certainement par cœur, mais le moment était mal choisi.

« Eh bien, nous voilà devenus très sérieux, fit-elle. Racontez-moi ce qui s'est passé au conseil de famille.

— Vous avez bien vu que la modération y a prévalu.

— C'est grâce à vous, marquis. »

Collera sourit de façon modeste et évasive.

« Grâce à la longueur du débat, qui fatigua tout le monde. On sait comment ces choses se terminent habituellement : à la fin, ils m'accordèrent leur confiance et s'en remirent à moi.

— Mme Maria a dû dire des choses bien pittoresques. Quoiqu'elle ne veuille plus me recevoir, elle continue de m'inspirer une vive sympathie. C'est une brave femme, toujours le cœur sur la main. Et... — elle hésita un moment — que disait la baronne ?

— Elle se bornait à écouter en silence.

— Elle est experte en silences. Je sais qu'elle a été l'instigatrice du conseil de famille.

— N'en croyez rien, Silvia. Ce fut Monteleón.

— Un tuteur jaloux de son pupille. Un gitan blond, mais un gitan, à la fin. Savez-vous que Pío Baroja a écrit que le sud de l'Espagne engendre des hommes qui sont semblables à des entraîneuses ?

— Ce sont les idées de Pío Baroja. Il est du Nord. »

Avec le café et les liqueurs, Silvia Ocampo retrouvait son état naturel. Elle s'emballait.

« J'ai entendu Monteleón déblatérer sur « le sens chrétien » de Jésus-Christ. Il m'a dit une fois, comme s'il s'était agi de quelque nouveauté inconnue, que la mer couvre la plus grande partie de la surface du globe terrestre. J'ai dû faire, cela va de soi, semblant d'être étonnée : « Mais, docteur, comment l'avez-vous découvert ? — La géographie... » balbutia-t-il modestement. Oui, bien entendu, la géographie et aussi, de temps en temps, les feuillets du calendrier... »

Collera souriait et se taisait.

« Monteleón, poursuivait l'Eminente, doit se rendre compte, puisqu'il n'est pas complètement idiot, qu'il n'est ni un homme de science ni un Britannique. Il a été ce qu'on appelle un bel homme, le genre précisément qui m'a toujours le plus répugné, mais qui plaît à beaucoup d'autres femmes. Ce qu'il trouve de profondément irritant chez son neveu, ce n'est pas que sa conduite paraisse scandaleuse aux yeux de la bonne société de Majorque, mais plutôt que je l'aie préféré à lui. Peut-être, marquis, penserez-vous que je porte des jugements téméraires...

— Je suis ravi en vous écoutant, Silvia. Je ne partage pas vos points de vue, mais j'y vois une véritable réussite d'improvisation et de grâce. Connaissez-vous l'épitaphe qu'un poète latin fit graver sur la tombe d'une danseuse ? « Elle dansa et plut. »

Au moment de la quitter, le marquis lui baisa la main d'un air transi. En homme du monde qu'il était, il savait que non seulement il faut aussi baiser la main aux femmes divorcées, mais il convient encore d'y mettre plus de ferveur qu'avec les femmes mariées, surtout si personne ne vous voit.

« Vous n'imaginez pas combien je remercie le hasard qui nous a permis de nous rencontrer, dit-il. Nous reverrons-nous ?

— Vous connaissez mon adresse.

— Malheureusement, je prends le bateau pour la péninsule mercredi prochain. On me réclame à Madrid où, semble-t-il, une crise gouvernementale s'est déclarée. M. Niceto Alcalá-Zamora désire me consulter. Sûrement devrai-je rester à Madrid quelque temps.

— Dans ce cas, cher ami... »

Tous deux se regardaient tristement. Tous deux savaient que M. Niceto n'avait rien à demander à M. Jacob.

« Saluez la marquise de ma part.

— Elle sera ravie d'apprendre que nous avons déjeuné ensemble. »

XXIV

La maisonnette bucolique

Mais pour rendre le grand style de ces arbres sacrés d'où l'on s'attend toujours à entendre sortir des voix prophétiques, et le ciel étincelant où leur âpre silhouette se dessine si vigoureusement, il ne faudrait rien moins que le pinceau hardi et grandiose de Rousseau*. Les eaux limpides où se mirent les asphodèles et les myrtes appelleraient Dupré. Des parties plus arrangées où la nature, quoique libre, semble prendre par excès de coquetterie des airs classiques et fiers tenteraient le sévère Corot. Mais pour rendre les adorables fouillis où tout un monde de graminées, de fleurs sauvages, de vieux troncs et de guirlandes éplorées se penche sur la source mystérieuse où la cigogne vient tremper ses longues jambes, j'aurais voulu avoir, comme baguette magique, à ma disposition le burin de Huet...

George Sand

Il était vrai qu'après la réunion du conseil de famille et l'intervention de Collera, les parents s'étaient tus. Ils s'accordaient de manière tacite à tout ignorer. Les trans-

* Rousseau, un des plus grands paysagistes de nos jours, n'est point connu du public grâce à l'obstination du jury de peinture, qui lui interdit depuis plusieurs années le droit d'exposer des chefs-d'œuvre. [Note de George Sand]

gresseurs faisaient des efforts pour se sentir heureux dans leur havre de paix, comme George Sand et Chopin à Valldemossa. Mais nous savons tous de quelle façon se termina l'affaire de Valldemossa et à présent nous allons voir comment finit l'idylle parallèle d'Antoni et de Silvia Ocampo. Comme ils passaient leurs journées à cueillir des bégonias et des roses champêtres, ils ne dépensaient guère d'argent. Dans peu de temps ils se verraient délivrés de leurs dettes. Les virements bancaires parvenaient à l'Eminente depuis cette Amérique si lointaine avec plus de retard chaque fois. Elle en rendait coupable son agent.

« Pourquoi n'en prends-tu pas un autre ? lui demandait Antoni.

— Parce que là-bas ils sont tous les mêmes.

— Porte plainte contre lui.

— Il me faudrait suborner le juge pour qu'il tranche en ma faveur, et si par malheur l'autre venait à lui offrir davantage, tu te rends compte ? le procès serait perdu.

— C'est cela, « l'Amérique catholique » dont parle Rubén Darío ?

— Rubén Darío parle aussi de « l'Amérique de Moctezuma le Grand et celle de l'Inca. »

— Tu n'as pas de famille là-bas ? »

Silvia Ocampo soupira :

« Si, en effet, mais elle me dépouillerait de tout mon bien si elle le pouvait. La seule solution serait d'y aller.

— Tu ne le feras pas. Bientôt je serai majeur et alors nos problèmes seront finis. Le jour où je deviendrai majeur, j'offrirai un banquet au Gran Hotel. Nous inviterons mon tuteur. Ne te fais aucun souci, Silvia. A présent que nous avons une maisonnette si agréable et solitaire... Tu m'avais toujours dit que tu adorais la paix de la nature. »

Certes, mais pas au point d'y passer sa vie. Dernièrement, les bêlements des brebis commençaient à l'agacer.

Depuis qu'elle s'était retirée dans la solitude, la presse ne parlait plus d'elle. De plus, l'automne, cette année, était précoce et tout n'était que pluie et vent qui passaient par les portes et les fenêtres.

« A Majorque le silence est plus profond que partout ailleurs. Les ânesses et les mules qui passent la nuit au pâturage l'interrompent parfois en secouant leurs clochettes, dont le son est moins grave et plus mélodique que celles des vaches suisses. Le boléro y résonne dans les lieux les plus déserts et dans les plus sombres nuits. Il n'est pas un paysan qui n'ait sa guitare et qui ne marche avec elle à toute heure. De ma terrasse, j'entendais aussi la mer, mais si lointaine et si faible que la poésie étrangement fantastique et saisissante des Djinns me revenait en mémoire :

J'écoute.
Tout fuit.
On doute.
La nuit
Tout passe ;
L'espace
Efface
Le bruit... »

Oui, le vent sifflait à travers les portes et les fenêtres et la pluie tambourinait sur la toiture. Les nerfs de l'Emi-nente ne le supportaient plus. « On ne comprend pas le peu de précautions que prennent les Majorquins contre ces deux fléaux du vent et de la pluie. Leur illusion ou leur fanfaronnade est si grande à cet égard qu'ils nient absolument ces inclémences accidentelles, mais sérieuses, de leur climat. Jusqu'à la fin des deux mois de déluge que nous eûmes à essuyer, ils nous soutinrent qu'il ne pleuvait jamais à Majorque. » Déjà un siècle avant Silvia Ocampo, George Sand avait pu faire remarquer qu'à Majorque on gèle à force de croire qu'il n'y fait point froid.

La poésie de la nature est une création des citadins. Virgile écrivit les *Bucoliques* et les *Géorgiques* pour qu'ils fussent lus à Rome. C'était depuis Paris que la comtesse de Noailles parvenait à chanter l'âme végétale des choses et à décrire le charme de la vie pastorale. En revanche, maintenant que Silvia Ocampo se trouvait à la campagne, elle était prise du désir de composer des sonnets très compliqués à la manière de Góngora, elle qui jusqu'à présent, à Buenos Aires, à New York ou à Paris avait exalté la vie primitive au cœur de la nature. Elle faisait lecture de ces sonnets à Antoni, mais celui-ci les trouvait toujours « aussi bons que ceux de Zorrilla » et ce manque de culture qui, au début, lui semblait touchant, à présent l'écœurait. Il y avait de quoi prendre en grippe l'écriture. Ecrire sans avoir de lecteurs, sans les journaux qui vous corrigent, sans autre critique que celle d'Antoni qui vous parlait de Zorrilla alors qu'il eût fallu citer Góngora, cela devenait impossible. Au début de leur liaison, Antoni offrait des réactions toutes neuves qui la surprenaient. A présent elle les connaissait par cœur. Cette « solitude à deux » dans une maisonnette bucolique entourée d'oiseaux et de fleurs menaçait d'éteindre sa passion. « Mais lui, en revanche, il est chaque jour plus amoureux » se disait-elle horrifiée.

Et lire la secrète horreur du dévouement
Dans des yeux où longtemps burent nos yeux avides...

Enfin... amoureux n'était pas le mot juste. Les hommes, au fur et à mesure que le temps passe, ne sont plus amoureux mais habitués. Elle avait l'intuition qu'Antoni était précisément de ceux qui ne gardent plus la ligne dès avant la trentaine. Une fois en possession de son patrimoine, désormais tranquille et embourgeoisé, il prendrait du ventre. Elle, à l'inverse, dans dix ans serait telle qu'aujourd'hui. Soudain elle pensa à Silver Fish : il venait de mourir la semaine précédente, à la piscine, victime d'un infarctus du myocarde. Elle fut jalouse des amours impossibles de *mistress* Castle avec le « poisson d'argent ». « Antoni ne m'inspirera jamais un sonnet aussi beau, se dit-elle, car il m'a été trop proche. » Antoni, en raison du décès de Silver Fish, avait été toute la journée d'une humeur sombre.

Peut-être sera-t-il devenu chauve comme son oncle dans moins de dix ans.

Il aurait été si merveilleux qu'Antoni fût différent ; nous aurions pu nous associer dans une entreprise commune, écrire, travailler ensemble, voyager, découvrir des horizons nouveaux, nous enrichir, nous ruiner. « C'est un malade, avait-elle osé se dire, il ne sait que faire l'amour. » Quel ennui ! L'amour, c'est bien tant qu'il ne se présente que comme un accident gracieusement survenu, comme une sorte de pourboire inattendu que la vie vous donne, le bon numéro que vous tirez lorsque vous y croyiez le moins.

Par moments, Silvia Ocampo se désespérait. La nouvelle de la mort de Silver Fish avait brisé un instant cette monotonie, mais un instant seulement. Une autre nouvelle également sensationnelle viendrait la rompre à nouveau :

« Sais-tu que Felipa a tenté de se suicider ? »

Antoni l'avait appris par le journal, qui évidemment ne parlait pas de suicide. Sa cousine avait reçu des invités à dîner et la seule à avoir été intoxiquée, ce fut elle. Telle était la version donnée par les journaux, mais personne ne s'y était trompé.

Silvia se taisait. Tout semblait inattendu chez ce « lévrier russe dépourvu de cœur et d'intelligence ». Poussée par l'ennui qui la rongeait, elle pensa qu'une conversation avec Felipa pourrait lui servir de stimulant.

Elle jeta même un regard sur la porte, s'attendant à la voir entrer comme jadis. Elle ignorait que durant la réunion du conseil de famille la baronne avait aussi regardé la porte du salon comme attendant à son tour que Silvia Ocampo s'y présentât. Qui sait si leur rencontre n'allait pas devenir inévitable comme un phénomène atmosphérique ? La dame et l'aventurière n'allaient-elles pas finir par s'expliquer longuement, par se faire des aveux mutuels ? La tension qui survoltait leurs esprits était comparable à cette électricité qui s'accumule dans les nuages, prête à la décharge. Silvia le savait, encore qu'elle ignorât où et quand cela se produirait. Son cœur lui disait que dans ce litige entre la Vertu et le Vice ce serait elle, la représentante du second, qui aurait le rôle du timide, tandis que Felipa, dépositaire de la Vertu, aurait l'audace de faire le premier pas. Cela s'était déjà passé ainsi une fois et allait se reproduire. « La sainte-nitouche serait-elle capable de venir jusqu'à la maison pour me défigurer au vitriol ? Est-il possible que la morale lui monte à la tête à ce point ? »

Son cœur ne l'abusait point. La baronne d'Estrada viendrait voir Silvia Ocampo cette nuit même ; une nuit froide et longue déjà, car l'automne était arrivé, qui fait fuir « les hirondelles errantes ».

XXV

Catharsis

Mais les beaux jours revinrent et le steamer majorquin put reprendre ses courses hebdomadaires à Barcelone. Notre malade ne semblait pas en état de soutenir la traversée mais il semblait également incapable de supporter une semaine de plus à Majorque. La situation était effrayante ; il y avait des jours où je perdais l'espoir et le courage. La Maria Antònia et ses habitués du village répétaient en chœur autour de nous les discours les plus édifiants sur la vie future :

« Ce phtisique, disaient-ils, va aller en enfer, d'abord parce qu'il est phtisique, ensuite parce qu'il ne se confesse pas. »

George Sand

Durant cette dernière période, Silvia Ocampo se trouvait plongée dans un état étrange. Elle avait connu bien des hommes au long de son orageuse existence et voilà qu'à présent elle avait par moments le sentiment que, bon an mal an, c'était avec le premier qu'elle avait le mieux réussi à s'entendre. Certes, il la battait parfois, mais en fin de compte cela n'arrivait pas si souvent, et après chaque crise de violence, il devenait l'homme le plus affectueux du monde. « Avoir tant roulé sa bosse, pensait-elle, pour arriver à cette conclusion désabusée... » Dans son célèbre « J'accuse », elle avait dit des choses horribles sur ce mari que maintenant, à sa grande surprise, elle regrettait quelquefois. Qui sait si le destin ne lui réservait pas, en guise d'ultime illusion, une réconciliation qui, encore que tardive, n'en serait pas moins réconfortante ? « Quelles folies » se dit-elle, et elle tâcha de mettre en déroute toutes ces pensées qui jusqu'alors ne lui étaient jamais venues à l'esprit et qui la désorientaient.

Antoni, cet après-midi, n'était pas là. Il avait voulu passer à la piscine afin de profiter des derniers beaux jours. Sur le déclin de l'après-midi, Silvia Ocampo entendit une automobile s'arrêter et elle comprit tout de suite de qui il s'agissait.

Une bouffée d'air froid pénétra avec la baronne.

« Entrez, lui dit Silvia ; je vous attendais. »

L'autre ne disait rien. Elle s'assit. Ensuite elle balbutia :

« Vous devinez probablement pourquoi je suis venue.

— Vous vous êtes remise de votre intoxication ? Mais dites-moi, comment se fait-il que vous soyez la seule à avoir été intoxiquée ? Car il n'est rien arrivé aux autres invités, d'après ce qu'on m'a dit.

— Il y avait une sauce vinaigrette que je n'ai pas voulu prendre et qui, semble-t-il, a neutralisé les effets du poison. »

Il s'agissait évidemment de la version officielle. Une *amanite phalloïde* se serait trouvée mêlée par mégarde aux autres champignons et ses effets ne se seraient fait sentir que sur la baronne. « Cette pauvre Felipa, pensa Silvia Ocampo, est aussi phtisique que Chopin. » Elle avait l'air plus maigre et plus pâle que jamais, c'était une quintessence de Felipa d'Estrada. Ses yeux verts, qui jadis ressemblaient à deux émeraudes, brillaient à présent avec des lueurs de fièvre.

« Quels beaux cheveux vous avez, dit Silvia Ocampo.

— Les vôtres sont splendides, Silvia.

— Oh, rétorqua-t-elle, ils sont teints. Teints et frisés au salon de coiffure. Voulez-vous une tasse de thé ? Une cigarette ? Non plus ? Vous me permettrez de fumer. »

Elle alluma sa cigarette égyptienne et lança une bouffée de fumée bleuâtre et parfumée. Il y eut un long silence qu'elle savourait en souriant comme s'il se fût agi d'une gourmandise. Il lui plaisait de faire durer cette situation tendue. Elle devinait, en effet, pourquoi la baronne était venue, mais tenait à ce que ce fût l'autre qui commençât.

« Je suis venue pour parler du cas d'Antoni, finit par dire Felipa d'Estrada en faisant un grand effort. Après y avoir beaucoup réfléchi et à la suite de nombreuses nuits blanches, je me suis décidée à entreprendre cette démarche que vous devez trouver étrange.

— Pourquoi devrais-je m'en étonner ? Cela me semble, tout au contraire, naturel. Je vous ai déjà dit que je vous attendais.

— Je n'ai pas un tempérament de poète » dit Felipa sans que cela vînt à propos.

Mais Silvia, en revanche, voyait bien que c'était le contraire. La baronne évoluait dans un monde magique, merveilleux, que peut-être elle, Silvia Ocampo, célébrée par Jean Cocteau et par Bergson lui-même, ne connaîtrait jamais avec une telle intensité.

« Il se peut que les poètes les meilleurs soient ceux qui s'ignorent. »

La baronne déclara par la suite « qu'elle venait avec des intention pacifiques » et qu'au fond, Silvia « n'était pas un être méchant ». Celle-ci l'interrompit en souriant :

« Continuez. »

L'autre demeura un peu déconcertée, surtout lorsque la créole lui offrit un petit verre de cointreau en lui demandant des nouvelles de son mari.

« Je n'ai pas encore eu le plaisir de faire sa connaissance.

— Il sort peu. Il a une petite santé.

— Une dame du XVIIe siècle, dit Silvia, confia à Pascal ses tribulations : elle avait perdu la foi. Pascal lui conseilla de se signer chaque jour avec de l'eau bénite. De même que l'agnostique devait retouver sa foi par la pratique des rites, de même vous finirez par aimer votre mari à force d'en prendre soin.

— Qui vous autorise à penser que je ne l'aime point ?

— Ce n'est, si vous voulez, qu'un soupçon. Vous me tenez pour une femme à scandale. Je sais que vous avez fait pression sur votre parente pour qu'elle me chasse de mon appartement, et vous avez aussi voulu convaincre le gouverneur de m'éloigner de l'île...

— Je suis venue, affirma la baronne presque dans un souffle, avec des intentions pacifiques, je vous l'ai déjà dit. Je suis venue vous supplier d'abandonner ce pays, de ne pas détruire la vie d'Antoni.

— Cela fait des années que vous en êtes éprise ? »

Elle avait posé la question avec un naturel qui n'en faisait que mieux ressortir l'impertinence. Pour la dame, la tension était à son comble. Ses yeux d'émeraude la regardaient avec stupéfaction.

« Comment avez-vous pu supposer...

— Vous-même vous trahissez par votre conduite, madame. Toute votre personne le clame.

— Et Antoni ?

— Il est incapable de le deviner. Du reste, il ne voit guère loin et je me suis bien gardée de le lui faire découvrir, car cela aurait pu éveiller en lui la tentation d'apprendre à quoi ressemble l'amour d'une dame vertueuse.

— Oh, taisez-vous, par pitié. »

Felipa d'Estrada et d'Estrada cachait son visage dans ses mains pour pleurer. Toute sa fierté avait fait naufrage. L'Eminente la regardait avec une véritable pitié.

« Chopin, dit-elle, était phtisique, mais ce qui est pire

encore, c'est qu'il ne se confessait pas. Si vous saviez à quel point je plains ceux qui ne savent pas se livrer, ceux qui gardent tout pour eux... »

L'autre ne répondait pas, elle pleurait toujours.

« Je ne suis qu'une aventurière, poursuivit Silvia Ocampo, tandis que vous, vous représentez toute une tradition. Ne vous semble-t-il pas que le destin se montre parfois ironique ?

— Ayez pitié. Je suis une malade. Cela me passera...

— Buvez encore une gorgée de cointreau.

— Je ne pouvais plus supporter tant de souffrance, dit Felipa après avoir suivi son conseil. Je ne dormais plus depuis cinq nuits. Je voulais seulement mourir. »

« Nous voici arrivés au sommet, pensa Silvia. Maintenant nous allons commencer la descente. Il faut qu'elle finisse de se livrer, d'expulser tous ses démons... Comment les psychiatres nomment-ils cela ? Catharsis ? »

« Si vous aviez réussi votre suicide, reprit-elle à voix haute, moi, qui jamais ne me suis repentie de rien, aurais éprouvé des remords pour la première fois de ma vie. Vraiment, vous avez trop souffert, ma pauvre Felipa... » Et en interrompant soudain sa phrase : « Savez-vous que le marquis de Collera est plus intelligent que ne le supposent beaucoup de Majorquins ?

— Le marquis ? fit la baronne sans comprendre où elle voulait en venir, c'est une des gloires de Majorque. Je ne sais pas si l'on vous a dit qu'il a été ministre.

— Pendant huit jours, je sais. Aina Cohen elle-même n'était pas aussi mauvaise poétesse que certain romancier malveillant l'a insinué. Ni moi aussi méprisable que vous me croyez, conclut-elle de façon abrupte. J'ai aussi souffert, chère baronne.

— Nous devons tous souffrir, dit Felipa d'Estrada comme dans une sourde prière. Mais j'ai trop souffert, moi. Antoni était mon obsession. A la pensée qu'il perdait son âme et peut-être sa santé... il y avait de quoi me rendre folle. J'en suis même arrivée à...

— A voler le collier de diamants. Tout vous semblait bon pour l'écarter de moi. »

La baronne baissa le front et se couvrit les yeux.

« Mais êtes-vous omnisciente ? Lisez-vous dans la pensée ?

— Qui sait ? Peut-être suis-je une pythonisse plutôt qu'une poétesse. Une de mes ancêtres était sans doute une sorcière aztèque. Vous m'excuserez, Felipa, s'interrompit-elle, mais si vous saviez combien Antoni, le pauvre garçon, n'en vaut pas la peine... »

L'autre la regarda avec stupéfaction.

« Vous vous êtes tourmentée pour un fantôme, poursuivait tranquillement Silvia, oui, les hommes sont des fantômes. Ils existent tant qu'on n'y touche pas. Croyez-en ma longue expérience. J'ai vu se volatiliser tant de fantômes dans mes bras. Pardonnez ma question : vous habillez-vous à Majorque ? Votre couturière pourrait tirer un meilleur parti de vous ; je vous conseillerais de vous faire habiller à Paris, vous qui pouvez vous le permettre.

— Mon Dieu, dit Felipa, qu'importe, maintenant. Tout ce que je voudrais c'est mourir. »

Mourir ? Si jamais Silvia Ocampo devait éprouver une telle tentation, elle commanderait avant de se suicider une robe à Paris, car elle aimerait mourir *fashionable*.

« Je la vois d'ici. Elle serait en tulle couleur cendre avec des reflets argentés et une grande rose noire... Vous riez, madame la baronne ? Voulez-vous que je vous prépare un cocktail ? Peut-être un punch bien chaud ?

— Merci, je ne désire rien. Je n'arrive pas à comprendre comment il se fait que je sois venue. Je suis folle. Je ne me maîtrise plus.

— Puis-je vous demander votre âge ?

— Trente-quatre ans.

— L'âge qu'avait George Sand à son arrivée en compagnie de Chopin. L'âge que j'ai fait croire à Antoni que j'avais. Vous n'êtes pas encore obligée de mentir lorsqu'on parle âge. Croyez m'en : c'est un crime que vous vous fassiez habiller à Majorque. Moi qui suis ruinée, je ne porterais pour rien au monde une robe comme celle que vous avez. Vous êtes-vous mariée jeune ?

— A dix-huit ans. Il était riche et mes parents venaient de tout perdre. Voilà, vous connaissez toute mon histoire. Je ne sais pas pourquoi j'en parle. Parler de moi n'est pas dans mes habitudes.

— Il est de bon ton de ne pas parler de soi. Mais celui qui ne le fait pas parle des autres et alors ce sont les autres qui sont perdants. »

Felipa souriait, les larmes aux yeux. Elle commençait à trouver amusante cette Sud-Américaine excentrique qui savait dire tant de choses choquantes et inattendues.

La Sud-Américaine excentrique lui demanda tout à coup :

« Seriez-vous prête à l'aimer en faisant fi de tout ?

— Taisez-vous.

— Vous donneriez votre vie pour Antoni et vous ne savez pas à quel point il peut être ennuyeux, le pauvre garçon. Vous voudriez que je le perde de vue sans vous douter que c'est peut-être moi qui le souhaite le plus en ce moment. »

Tout étonnés, les yeux verts et brillants de larmes restaient grands ouverts. Silvia Ocampo savourait intensément ces moments, comme elle avait tout au long de son existence savouré tous les instants qui lui avaient offert l'occasion de s'exhiber sans voiles, telle qu'elle était, mélange inexplicable de passion et de cynisme.

« Croyez-m'en, Antoni n'est rien. Au toucher il se défait. Vous qui ne l'avez jamais touché ne pouvez pas l'imaginer.

— Ne l'aimez-vous pas ?

— Il serait bien compliqué d'y répondre. Je l'aime, oui. Il est noble, généreux, franc, ignorant. C'est un gosse, il est merveilleux ! Mais lorsque je compare ce que je ferais pour lui, avant et après, la différence est tellement énorme...

— Avant et après quoi ? »

Pour toute réponse, l'Eminente envoya vers le plafond une bouffée de fumée et poursuivit :

« Non, je ne peux pas l'expliquer parce que je ne me comprends pas moi-même. Je n'ai jamais su aimer par habitude. Pourquoi pensez-vous que je voyage et écris autant ? Je bouge parce que je cherche, tout en sachant que je ne trouverai pas. Voyager et écrire, c'est la même chose. Lorsque je n'ai pas Antoni à mes côtés, j'ai peur de le perdre, et quand il est trop près, je crains davantage encore, car j'ai peur de perdre mes dernières illusions. Dans un tel cas, la fuite s'impose, comme toujours. Sans parler, dit-elle brusquement, comme revenant à la réalité, de la vie impossible que vous m'avez tous faite à Majorque.

— Il s'est répété, dit Felipa, le cas de George Sand.

— Comment vous dire ? Antoni, pour moi, c'est comme de la morphine, enchaîna la poétesse. Le morphinomane sait qu'il ne doit pas prendre sa drogue mais la prend malgré tout. Je sais que je dois m'en aller, mais je n'en ferai rien tant qu'une motivation très forte ne m'y poussera pas.

— Quelle sorte de motivation ? »

Pendant un instant, Felipa eut une idée saugrenue : Mme Ocampo aimait le luxe et elle venait de dire qu'elle était ruinée. S'apprêtait-elle à lui demander de l'argent ? Il n'y aurait pas de discusssion, car elle était disposée à donner tout ce que l'autre lui demanderait, mais elle n'osait pas faire d'offre.

« Quelle sorte de motivation ? répéta Silvia. Qu'est-ce

que j'en sais ? Un geste, une phrase, une « pose ». Ne suis-je pas une femme à « pose » ? Par exemple, je serais capable de partir si votre problème s'en trouvait réglé. Antoni est merveilleux, et surtout il n'a pas encore fait ses vingt ans. Il faut voir ce que cela représente, lui vingt ans, et moi... personne n'a jamais su mon âge, je l'ignore peut-être moi-même.

— Vous exagérez.

— Revenons à la question : les sacrifices stériles me répugnent. Si vous décidez d'aimer Antoni je partirai, mais si c'est pour que nous soyons perdants tous les trois...

— Tout à l'heure, vous me conseilliez de prendre soin de mon mari.

— Vous le soigneriez mieux si vous étiez satisfaite. »

La baronne se leva.

« Je ne vous comprends pas, balbutia-t-elle. Antoni est en train de vous glisser entre les doigts.

— En effet. Les fantômes, vous ai-je dit, se volatilisent lorsqu'on les touche, mais si vous vous obstinez à ne pas le toucher...

— Vous m'effrayez, je ne vous comprends pas ! Vous êtes ou très méchante, ou d'une bonté bien rare. Si vous l'aimez encore, comment pouvez-vous me faire de telles insinuations ?

— Peut-être trouvé-je du plaisir à vous sauver, ou peut-être à vous corrompre. On n'a pas encore pu savoir si Socrate éduquait ou pervertissait les garçons d'Athènes. Il faut bien que la fréquentation des fous réserve quelque surprise. Comme je suis folle, je vous cède ma place, voulez-vous que nous n'en parlions plus ? »

Désormais elle était décidée : elle s'en irait, mais séance tenante, sans fermer la maison, sans attendre le retour d'Antoni. La baronne la regardait terrorisée et cette terreur des yeux verts — en l'honneur desquels, aux environs de 1810, le comte d'Artois avait dansé sur la corde raide – contribuait à la décision de l'Eminente.

« Madame la baronne, dit-elle, voulez-vous ordonner à votre chauffeur de m'obtenir un passage pour le steamer de Barcelone ? A l'époque de George Sand on disait ainsi, mais aujourd'hui on dirait le vapeur. Qu'il me l'apporte, je vous rembourserai un jour car à l'instant je ne sais pas où est passé mon porte-monnaie.

– Avant vingt minutes, répondit la baronne, vous recevrez le passage qu'un cycliste vous remettra, mais vous avez vos bagages à faire...

– Ne vous inquiétez pas. Les hirondelles font-elles leurs bagages ?

– Vous, Silvia, vous êtes si...

– Ne me dites pas à nouveau que je suis bonne, car cela ressemblerait à une insulte à présent.

– Je regrette de ne pas vous avoir comprise plus tôt. Mais à cet instant, puisque vous partez ainsi, soudainement, sans fermer la maison, sans bagages, si vous permettez que j'ose... »

Elle ne sut pas continuer. Quelle situation ambiguë... Comment s'y prend-on pour offrir de l'argent à une dame ? La baronne se sentait rougir avant même d'en avoir fait l'insinuation. Silvia, très habilement, la tira du mauvais pas en lui disant avec son accent le plus mielleux de Sud-Américaine :

« Oui, embrassez-moi, bien sûr*. »

Elle venait de lui demander de payer son billet et refusait en revanche la fortune que peut-être Felipa était prête à lui offrir. « Si elle me propose de m'acheter les trois chaises et le matelas, pensa-t-elle, je les lui donnerai. »

« Maintenant, reprit-elle à haute voix, partez, madame la baronne. Antoni pourrait arriver d'un moment à l'autre.

* En espagnol dans le texte.

— Oui, murmura Felipa, ce serait affreux s'il apprenait que je suis venue. »

La baronne s'estompa comme un fantôme dans l'ombre du soir et ses derniers mots : « Pardonnez-moi tout le mal que je vous ai fait », se perdirent dans le vent et la pluie.

XXVI

Le destin s'accomplit

Quand nous entrâmes à Barcelone, nous étions si pressés d'en finir pour toute l'éternité avec cette race inhumaine que je n'eus pas la patience d'attendre la fin du débarquement. J'écrivis un billet au commandant de la station, M. Belvès, et le lui envoyai par une barque. Quelques instants après il vint nous chercher dans son canot et nous rendîmes à bord du *Méléagre*. En mettant le pied sur ce beau brick de guerre, tenu avec la propreté et l'élégance d'un salon, en nous voyant entourés de figures intelligentes et affables, en recevant les soins généreux et empressés du commandant, du médecin, des officiers et de tout l'équipage, en serrant la main à l'excellent et spirituel consul de France M. Gautier d'Arc, nous sautâmes de joie sur le pont en criant du fond de l'âme :

« Vive la France ! »

Il nous semblait avoir fait le tour du monde et quitter les sauvages de la Polynésie pour le monde civilisé.

George Sand

La voiture n'était pas partie depuis deux minutes, qu'Antoni arriva. Silvia Ocampo ne parvenait pas à masquer son émotion. En se plaçant dans le futur, désormais tout proche, qui l'attendait, elle voyait les choses comme si elle volait au-dessus de la mer, au loin, à travers le temps et l'espace. Mais aussi vrai que les paradis authentiques sont toujours ceux qu'on a perdus, Antoni — à présent qu'elle allait le perdre — lui apparaissait comme un dieu.

Au Louvre et aux Offices il y en avait de pareils, des splendeurs sculptées dans le marbre. Depuis Florence elle lui écrirait un poème, des vers passionnés à la manière de José Maria de Hérédia :

Où penchés en avant des blanches caravelles,
Ils regardaient monter en un ciel ignoré
Du fond de l'Océan des étoiles nouvelles.

Mais, pensa-t-elle, un poème dans le style parnassien serait précisément ce qu'Antoni apprécierait le moins. Pauvre garçon. S'il la prenait pour un grand écrivain, c'était simplement parce qu'il l'avait lu dans une encyclopédie.

Comme elle allait se souvenir, lorsqu'elle serait loin, de la maisonnette perdue entre les pins et la mer où la vie, à la fin, lui était devenue si insupportable ! Dans un éloignement anticipé, maintenant qu'elle s'apprêtait à l'abandonner, la maison commençait à lui sembler charmante.

Elle ouvrit la fenêtre et fit semblant de contempler le ciel.

« Antoni, il a cessé de pleuvoir. Le vent a dissipé les nuages. Quelle nuit sereine après la pluie ! Je crois que c'est la pleine lune. »

La montagne qui descend, couverte de pins odorants, et au fond, la baie, avec la cathédrale et la rangée d'hôtels éclairés... Comme tout cela est beau, incomparable, et que de souvenirs à élaborer !

« Prie, Antoni, remercie Dieu qui t'a fait naître dans une île comme celle-ci. Ne t'en va jamais. Je me souviendrai toujours de toi, enraciné dans Majorque. Si George

Sand, si moi-même en avons dit du mal, c'est par agacement. Mais ne nous crois pas, Antoni. Majorque, c'est le pays le plus merveilleux du monde. »

Il lui sembla qu'elle avait la voix étranglée.

« Qu'est-ce que tu as ?

— Ce paysage ne t'émeut-il pas ?

— Nous l'avons vu tant de fois... Il t'arrive quelque chose.

— Absolument rien. » Elle mentit en faisant des efforts pour paraître naturelle, mais ses yeux la trahissaient.

« Tu pleures ?

— Je suis un peu enrhumée.

— J'ai promis à grand-mère, dit Antoni, d'aller dîner ce soir ; je reviendrai ensuite.

— Ne reviens pas, dit-elle, ce n'est pas la peine. Je voudrais prendre une aspirine et me coucher tout de suite.

— Il n'y a pas d'aspirine à la maison, se souvint-il.

— Dis, Antoni, fit Silvia, ta cousine te plaît-elle ?

— Ma cousine ?

— Il n'y aurait rien de particulier à ce qu'elle te plût puisqu'elle est si jolie.

— Tu en as de bonnes », s'exclama-t-il sans rien ajouter.

Silvia Ocampo, qui était une insigne poétesse, trouvait de mauvais ton cette expression si courante chez nous, et elle avait souvent demandé à Antoni de l'éviter, mais sans succès.

« Et tu n'as jamais pensé que tu pouvais lui plaire ?

— A elle qui ne peut pas me souffrir ? »

Silvia le prit dans ses bras pour lui donner des baisers comme l'on fait avec un enfant.

« Mon petit..., mon petiot ! Tu ne verras jamais rien que ce qui est proche et visible, ce que seuls les hommes adorablement vulgaires comme toi voient. Va-t'en de ma présence, Antoni, ne reviens plus !

— Je ne sais pas ce que tu as aujourd'hui. Je pars, mais je reviendrai après le dîner et t'apporterai un tube d'aspirine.

— Non, ne me l'apporte pas. Je n'ai pas envie d'en prendre. Ne viens pas ce soir car j'ai pris froid et veux dormir toute seule. Tu viendras demain, ou plutôt, c'est moi qui irai. Maintenant va-t'en.

— Je te trouve bien pressée. »

Silvia Ocampo souriait avec le calme de ceux qui sont sur le point de le perdre, et sa tranquillité, bien que parfaitement feinte, la trahissait pour une simple question de discordance : son calme présent s'accommodait mal à tous ses propos antérieurs.

« Je crains que tu ne te mettes en retard pour le dîner. Ta grand-mère va se faire du souci » dit-elle avec trop de naturel.

Elle vit tout de suite qu'Antoni, quoique sain et dépourvu de complexes, n'était pas un sot. « Ah, mon Dieu, pensa-t-elle, j'accumule les gaffes. Ma conduite est stupide. » C'était en effet la première fois qu'elle s'inquiétait de sa ponctualité chez grand-mère. Il lui répondit ce qu'elle redoutait :

« C'est cela qui te préoccupe, ou bien est-ce que tu attends quelqu'un ? »

Que peut-on répondre à une question pareille ? Elle se borna à le regarder avec tristesse. Ce regard fut un succès, car le garçon se radoucit.

« Pardonne-moi, Silvia, dit-il, il n'y a rien qui m'irrite autant que les mystères. Si quelque chose te préoccupe, tu dois me le dire clairement, comme je te le dirais dans le même cas. »

« Pauvre petit, tu ne peux pas tolérer le mystère et toi-même en es un, Antoni. Ta cousine est prête à se damner pour toi, moi je te quitte le cœur brisé parce que je sais que tu as été ma dernière illusion. Est-il vrai que tu ne te rendes compte de rien, mon pauvre enfant, mon pauvre Antoni qui détestes le mystère ? »

« Ce n'est pas la même chose, dit-elle à voix haute, car ce qui t'arrive, à toi, peut toujours être expliqué en peu de mots, tandis que ce qui m'arrive...

— Autrement dit, tu ne veux pas m'en faire part. »

Elle regarda sa montre à la dérobée. Le cycliste ne pouvait plus tarder.

« Regarde comme la nuit est claire, c'est la pleine lune, dit-elle à nouveau. Le savais-tu ? »

Elle jeta un regard vers la fenêtre pour voir si le cycliste — qu'on appelait alors un « continental » — arrivait. Juste à ce moment on frappa à la porte.

« Voilà, s'écria Antoni.

— Non, j'y vais, dit-elle. »

Il s'emporta :

« Reste là ! Je veux voir la personne que tu attends. »

Il l'avait saisie violemment par le bras.

« Que veux-tu dire par là ? J'attends qui je veux. Je suis ici chez moi. Lâche moi !

— C'est inutile. Il faut que je voie qui c'est. »

Il ne l'avait jamais traitée de la sorte. Maintenant, au moment où elle allait le perdre, voilà qu'elle découvrait un Antoni jusque-là inédit, un Antoni qui était un homme et non un petit garçon. Ces traits, contractés par les efforts qu'il faisait pour la retenir, lui rappelaient le David du Bernin.

Le garçon qui venait de se transformer en homme était sorti et revint avec le titre de transport. Il était sur le point d'éclater en sanglots. C'était à nouveau un gamin.

« Qu'est-ce que cela signifie, Silvia ?

— Tu ne le vois que trop, je prends le bateau ce soir, je pars... pour deux jours. Je dois rencontrer mon éditeur de Barcelone.

— Tu ne m'en avais rien dit. Je ne te crois pas.

— Innocent... je voulais te faire une surprise. Il m'a promis de m'avancer de l'argent, et donc, à mon retour, nos problèmes seront réglés. »

Antoni ne l'entendait pas. Il était abasourdi.

« Je ne te crois pas ! dit-il en criant. Je n'aurais jamais pensé que toi, précisément maintenant, au moment où nous commençons à nous aimer vraiment... Cela veut-il dire que tu ne m'as jamais aimé ? »

C'était un gosse et il méritait une punition.

« Tais-toi, reprit Silvia. Qu'est-ce que tu sais, toi, qu'est-ce que tu peux savoir de moi ? »

Son air de supériorité, cette fois, ne fut pas bien reçu. Il irrita, au contraire :

« Ecoute-moi, Silvia, j'en ai assez de tes supercheries et de tes mystères. »

Elle changea de tactique ; il ne lui restait guère de temps pour s'expliquer et se tirer d'embarras.

« Si tu pouvais comprendre mes raisons, je ne partirais pas, car justement il n'y aurait plus de raison.

— N'insiste pas avec tes énigmes. Pourquoi t'en vas-tu ? »

Elle était fille de son époque, l'époque de la « grande comédie » d'Oscar Wilde et de son épigone Benavente. Elle affecta donc une attitude en harmonie :

« Je m'en vais parce que j'ai peur. Je pars par charité. »

Il perdit toute contenance :

« Je ne te comprends pas ! Je t'ai déjà dit de t'exprimer clairement. Tu ne sortiras pas d'ici de la nuit ! »

Il alla dans le vestibule et ferma la porte à clé. Elle souriait, sereine, comme la lady Windermere du fameux *Eventail*.

« Idiot, pour retenir une femme tu ne trouves rien de mieux que de l'enfermer ?

— Je ne permettrai pas que tu t'en ailles, répéta-t-il, ombrageux.

— Et tu m'aimeras toujours, si je reste ?

— Je te le jure. »

Le temps pressait, il fallait jouer la dernière carte.

« Donne-moi le billet. »

Elle le prit et le déchira en deux morceaux, calmement. Ensuite elle le froissa et le jeta dans la corbeille.

« Tu es content ?

— Maintenant, oui.

— Il est déjà huit heures sonnées. Va et reviens après dîner. Ne fais pas attendre ta grand-mère. Et n'oublie pas l'aspirine.

— A tout de suite », dit-il.

Il sortit de la maison et prit à gauche, en direction de l'arrêt du tramway. Silvia ramassa le billet froissé, le lissa avec la main et raccorda les deux morceaux avec un peu de colle. Il y avait à proximité une taverne d'où elle pourrait téléphoner pour demander un taxi. La maisonnette dans la pinède entre les thyms resta abandonnée, portes et fenêtres ouvertes, tout éclairée. Le vent d'octobre faisait voler les rideaux de mousseline blanche.

C'est ainsi qu'Antoni la trouverait une heure plus tard.

TABLE DES MATIÈRES

Achevé d'imprimer sur les presses
de l'imprimerie Darantiere à Dijon-Quetigny
en juin 1989
Dépôt légal : 2e trimestre 1989
Numéro d'impression : 175